De cliente para cliente:

o guia para entender como atender

ADMINISTRAÇÃO REGIONAL DO SENAC NO ESTADO DE SÃO PAULO

Presidente do Conselho Regional
Abram Szajman

Diretor do Departamento Regional
Luiz Francisco de A. Salgado

Superintendente Universitário e de Desenvolvimento
Luiz Carlos Dourado

EDITORA SENAC SÃO PAULO

Conselho Editorial
Luiz Francisco de A. Salgado
Luiz Carlos Dourado
Darcio Sayad Maia
Lucila Mara Sbrana Sciotti
Luís Américo Tousi Botelho

Gerente/Publisher
Luís Américo Tousi Botelho

Coordenação Editorial
Verônica Pirani de Oliveira

Prospecção
Dolores Crisci Manzano

Administrativo
Marina P. Alves

Comercial
Aldair Novais Pereira

Edição e Preparação de Texto
Amanda Andrade

Coordenação de Revisão de Texto
Marcelo Nardeli

Revisão de Texto
Carol Santos

Coordenação de Arte, Projeto Gráfico e Capa
Antonio Carlos De Angelis

Editoração Eletrônica
Leonardo Miyahara

Coordenação de E-books
Rodolfo Santana

Impressão e Acabamento
Arte Impressa

Proibida a reprodução sem autorização expressa.
Todos os direitos desta edição reservados à

Editora Senac São Paulo
Av. Engenheiro Eusébio Stevaux, 823 – Prédio Editora – Jurubatuba
CEP 04696-000 – São Paulo – SP
Tel. (11) 2187-4450
editora@sp.senac.br
https://www.editorasenacsp.com.br

© Editora Senac São Paulo, 2024

Dados Internacionais de Catalogação na Publicação (CIP)
(Simone M. P. Vieira – CRB 8ª/4771)

Brazys, Nelson Adriano
 De cliente para cliente: o guia para entender como atender / Nelson Adriano Brazys. – São Paulo : Editora Senac São Paulo, 2024.

 Bibliografia.
 ISBN 978-85-396-4691-3 (Impresso/2024)
 e-ISBN 978-85-396-4690-6 (ePub/2024)

 1. Comunicação 2. Comunicação verbal 3. Atendimento cliente 4. Linguagem corporal 5. Serviços 6. Consumo I. Títu

24-2108g   CDD – 469.
                                                              BISAC LAN0260C

Índice para catálogo sistemático
1. Comunicação verbal   469.81

Nelson Adriano Brazys

De cliente para cliente:
o guia para entender como atender

Editora Senac São Paulo – São Paulo – 2024

Sumário

PREFÁCIO | 9

APRESENTAÇÃO | 11

TUDO QUE CONTRIBUI PARA A QUALIDADE DO ATENDIMENTO | 13

Aprendendo a ser exigente | 15

Além da interação entre o cliente e o atendente | 16

O ciclo virtuoso da gestão do atendimento | 17

Excelência no atendimento | 18

A RAZÃO DE SER DE QUALQUER NEGÓCIO | 21

Conceituando o cliente | 23

Os vários nomes pelos quais um cliente é chamado | 23

Tipos de clientes | 24

E o tal do cliente interno? Quem é? | 25

Mais provocações | 25

O cliente ajuda ou atrapalha? | 26

Você vende produtos, serviços ou valor? | 27

A IMPORTÂNCIA DAS PESSOAS ATRÁS DO BALCÃO | 29

O papel do atendente | 31

A equipe da linha de frente | 32

A equipe da linha de retaguarda | 32

A construção do perfil do atendente para cada negócio | 33

A LOJA QUE O CLIENTE CURTE VISITAR | 39

O ambiente faz a diferença | 41

Como melhorar o ambiente do estabelecimento | 43

Lista de checagem para avaliar o ponto comercial e o ambiente | 46

O JEITO DE ATENDER QUE AJUDA O CLIENTE A COMPRAR | 51

Política de atendimento ao cliente | 53
Quais os melhores procedimentos para se adotar? | 53
Criação de padrões | 53
Autonomia para os atendentes | 54
Flexibilidade e humanização | 55
Fontes de consulta | 57

OS BENEFÍCIOS DE GARANTIR OS DIREITOS DO CONSUMIDOR | 61

O Código de Defesa do Consumidor | 63

ENTRANDO NA MENTE DO CONSUMIDOR | 69

A jornada de compra | 71
Influências no processo de decisão de compra | 72
Tipos de processos de decisão de compra | 73
Processo racional de decisão de compra | 73
O reconhecimento de um problema | 74
Busca de informações | 74
Avaliação de alternativas | 76
Escolha do produto ou serviço | 76
Avaliação pós-compra | 76
Quais os possíveis comportamentos decorrentes? | 78

O PASSO A PASSO PARA ATENDER BEM SEMPRE | 81

Etapas do processo de atendimento | 82
A etapa de recepção do cliente | 83
A etapa da compreensão das expectativas do cliente | 85
Os erros mais comuns na escuta | 86
Por que é preciso fazer uma boa escuta? | 87
Sugestões para uma boa escuta | 88
A etapa das providências do atendimento | 89
O que dizer ao cliente nesta etapa? | 90
A etapa da despedida | 91

Contornando dificuldades com facilidade | 93

Fatores que influenciam o comportamento de um cliente | 95
Como lidar com os comportamentos dos clientes | 97

Clientes passivos | 98
Clientes conformados | 98
Clientes apressados | 99
Clientes agressivos | 99
Clientes irritados | 100
Clientes agradáveis | 102
Clientes frequentes | 102

As poderosas raízes do atendimento excelente | 105

Cultura organizacional | 106
Cultura organizacional voltada para os clientes | 109

Visão de futuro | 109
Missão organizacional | 110
Valores organizacionais | 111

Atraindo o cliente até a loja | 115

A percepção da experiência dos clientes no ponto de venda (PDV) | 116

O comércio eletrônico vai tomar os seus clientes? | 117
O exercício da observação da experiência dos clientes | 118

NPS – A pesquisa de uma pergunta só | 120

Como avaliar o resultado da pesquisa? | 121
Frequência de envio da pesquisa | 123
Perfil do cliente típico do negócio | 123
Valores compartilhados | 125
Posicionamento | 126

Gestão do relacionamento com os clientes | 128

O que fazer daqui em diante? | 131

Próximos passos | 132
Arrematando as ideias | 133

Pontos principais do livro | 133

Referências | 137

Atendimento integrado | 139

Objetivo | 140

1. Introdução | 140

Estratégia de aprendizagem | 140

Número de participantes | 141

Aplicação em sala de aula com mais de cinco participantes | 141

Faixa etária recomendada | 141

2. Organização para jogar | 141

Preparação do local | 141

Organização das cartas sobre a mesa | 142

Organização alternativa | 143

3. Regras do jogo | 143

O contexto do jogo | 143

Como se ganha o jogo? | 144

4. Desenvolvimento e dinâmica do jogo | 145

Antes da primeira rodada | 145

Como se joga uma rodada? | 145

Cartas TENTE A SORTE | 147

Como usar estrategicamente uma carta CORINGA? | 147

O que faz um participante da segunda rodada em diante | 148

E quando acabarem as cartas de algum dos montes? | 149

Encerrando o jogo | 150

Inventando novas maneiras de se jogar | 150

Prefácio

"Como posso tornar sua experiência ainda melhor hoje?"

Seja bem-vindo ao universo do atendimento ao cliente, em que cada interação é uma oportunidade de criar impacto e construir conexões significativas.

E você, já sabe quem é o seu cliente?

O conhecimento ainda é a ferramenta fundamental para o sucesso de qualquer negócio, e o atendimento não está fora disso – pelo contrário, conhecer o seu cliente faz toda a diferença na aplicação de estratégias e ações de relacionamento, vendas e marketing, tendo em vista proporcionar a melhor experiência e a mais memorável possível.

O atendimento ao cliente não é apenas uma transação comercial; é uma expressão genuína de cuidado e comprometimento com a satisfação do cliente. Neste livro, mergulharemos nas estratégias e técnicas, além das reflexões que podem transformar simples interações em oportunidades de relacionamento duradouras.

Ao longo destas páginas, você descobrirá como construir relacionamentos sólidos com os clientes, superar desafios com empatia e criar uma cultura organizacional centrada no consumidor. A experiência do cliente não é apenas um conceito; é a essência que define o sucesso nos negócios contemporâneos. Serão abordados não apenas os aspectos práticos do atendimento ao cliente, mas também a mentalidade necessária para se destacar nessa área em constante evolução.

O autor compartilha, com leveza e de uma forma instigante, experiências, insights e as melhores práticas que ajudarão você a aprimorar suas habilidades e alcançar novos patamares no atendimento ao cliente. Se você é um empreendedor, gestor, atendente, estudante, ou simplesmente alguém que gosta de construir conexões e relacionamentos duradouros, prepare-se para desbravar novos horizontes, pois este livro é para você!

Além do conteúdo encantador, o autor desenvolveu um jogo a partir dos pilares do atendimento: o cliente no centro das relações, os diversos componentes do atendimento e como essa relação impacta nos resultados de um negócio. Essa proposta imersiva e inovadora, que consiste em abordar situações de atendimento a partir de um jogo intererativo, explora as complexidades e as nuances dessa arte essencial nos negócios modernos, no delicado equilíbrio entre eficiência operacional e a humanização das interações

Assim, caro leitor, aproveite essa jornada transformadora no universo do atendimento ao cliente!

Gabriela Jorge Negrão Vieira,
Coordenadora de Desenvolvimento Senac SP

Apresentação

O que você espera de um atendimento quando está na posição de cliente?

Entrevistando consumidores, é possível perceber que, em sua maioria, eles não experimentam atendimentos que possam ser qualificados como excelentes. Nas histórias relatadas neste livro, contaremos mais experiências negativas do que positivas. Qual seria a razão disso?

Pare um pouco a leitura e gaste dois minutos para avaliar os atendimentos mais recentes que você recebeu ultimamente. Quais poderiam ser qualificados como excelentes e quais como péssimos? Por quais razões?

Este livro tem a proposta de lhe ajudar a *compreender o processo de atendimento, as implicações dos acertos e dos erros, a influência dos diversos componentes do atendimento e como isso impacta nos resultados de um negócio*. É uma obra direcionada tanto a empreendedores quanto a colaboradores e consumidores. Sua leitura pode ser contínua, do começo ao fim, como pode ser feita aleatoriamente, buscando os capítulos que mais lhe chamem a atenção, independente da ordem na qual são apresentados.

Cada capítulo do livro trata de assuntos essenciais para entender todos os aspectos da relação entre quem atende e o cliente. Falaremos de tudo que faz parte desse contato, como o próprio cliente, o atendente, o ambiente, as políticas de atendimento, as leis, normas e regulamentos a serem seguidos. Iremos nos aprofundar no perfil do profissional, na preparação do pré-atendimento, na criação de uma cultura voltada ao cliente, na postura e nos cuidados necessários durante o atendimento. Exploraremos, ainda, a jornada de compra do cliente, abordando como ocorre o processo mental que vai desde a descoberta de uma necessidade até o pós-compra.

Os capítulos do livro, em função de seu conteúdo, apresentam uma estrutura didática similar à listada abaixo, para facilitar a compreensão:

- Uma reflexão inicial.

- Casos de atendimento narrados em primeira pessoa, que tanto podem ter sido experimentados pelo próprio autor como por outras pessoas.

- Desenvolvimento do tema do capítulo.

- Questões para reflexão.

Boa leitura.

CAPÍTULO 1

Tudo que contribui para a qualidade do atendimento

Imagine-se finalizando uma compra em uma loja que você gosta de visitar. Você está terminando de pagar a compra, contente com a aquisição, que pode significar a realização de um desejo de consumo ou a solução para um problema.

O que você acha que teria acontecido antes desse momento? Será que o bom resultado se deve apenas ao fato de que a pessoa que lhe atendeu foi educada, simpática, gentil e soube se comunicar bem? Será que o sucesso da venda se deve apenas à interação pessoal entre duas pessoas ou algo mais contribuiu para isso? Pare a leitura por um minuto e reflita sobre essas questões.

Neste capítulo, vamos reconhecer os elementos que contribuem para um bom atendimento e como eles, de forma integrada, proporcionam boas e inesquecíveis experiências aos clientes.

CASO DE ATENDIMENTO

Relato próprio.

Eu estava saindo do trabalho no horário do almoço, na região do bairro da Consolação, na cidade de São Paulo. Caminhava em uma movimentada rua comercial na hora mais quente de um dia de verão junto com uma colega de trabalho que me pediu para acompanhá-la numa visita a uma loja de artigos para camping, esportes radicais e produtos similares. Ela iria viajar e procurava um tipo especial de mochila que poderia ser encontrada nessa loja. Aceitei o convite e a acompanhei.

Do lado de fora, o calor passava de trinta graus. Assim que entramos, três coisas já me causaram um agradável impacto: o maravilhoso ar-condicionado, um aroma agradabilíssimo no ar, misto de madeira nobre e canela, e um visual muito bonito, tematizando o ambiente do campo. Foi um momento de teletransporte do estresse da cidade grande para o campo, para o contato com a natureza.

Enquanto a colega se dirigiu ao fundo da loja, eu fiquei ali, próximo à entrada, admirando os produtos e aquele ambiente quase surreal. Alguns segundos foram suficientes para que uma atendente saísse do fundo da loja e caminhasse apressadamente na minha direção. Ela quase correu, parou aproximadamente a uns quatro metros de onde eu estava, colocou as mãos para trás, inclinou-se para frente e abriu um largo sorriso para mim. Não disse uma palavra sequer e não disparou o temido "posso ajudar?" na minha direção. Mas eu praticamente li sua comunicação corporal. Era como se ela dissesse: "Olá, tudo bem? Fique tranquilo, não vou lhe incomodar, mas se precisar de mim, estou aqui". Ao que eu imediatamente lhe respondi: "Não! Não fique parada aí não! Venha até aqui!". Ela veio, eu me apresentei, ela se apresentou, e eu disse que estava apenas acompanhando a colega, mas tinha me encantado com a beleza do ambiente. Até disse que não tinha interesse em comprar nada, mas que tinha gostado muito da loja.

Ao me ouvir, ela me convidou para conhecer a loja toda, me conduziu aos diversos ambientes, explicou a finalidade dos produtos oferecidos em cada seção e finalizou me levando até a área de caixa e pacotes, onde estava o restante da equipe de atendimento. Me apresentou cada um deles. Ali recebi mais atenção, conversamos despreocupadamente e ainda tomei água gelada e café fresco. Quando minha colega apareceu por ali para finalizar seu atendimento eu a apresentei aos "meus novos colegas" e até parecia que nos conhecíamos há muito tempo. Para encerrar, a atendente nos acompanhou até a saída, gentilmente se despediu e nos convidou a voltar mais vezes. Que experiência agradável foi aquela! A impressão deixada na minha memória, como cliente, contribuiu para elevar minha compreensão sobre como é possível atender bem e produzir melhores experiências aos clientes nos pontos de venda.

APRENDENDO A SER EXIGENTE

E você? Quantas vezes, como cliente, passou por situações semelhantes? Você acredita que se nós, como consumidores, fôssemos sempre tratados assim tão bem, ficaríamos acostumados com esse padrão e passaríamos a ser mais exigentes com o atendimento em todos os lugares nos quais fôssemos?

Não é possível dizer se obrigatoriamente seria percebido, no comportamento do cliente, um aumento do grau de exigência caso uma pessoa se acostume com experiências positivamente marcantes. Somos diferentes uns dos outros e cada um de nós tem um temperamento que conduz nosso comportamento. Alguns de nós seriam mais e outros menos exigentes, mas mesmo que não expressássemos o nosso novo grau de exigência, acredito que pelo menos saberíamos julgar os novos atendimentos recebidos. Esse julgamento poderia ser decisivo para voltarmos ou não aos mesmos estabelecimentos.

Conversando com consumidores em geral, é fácil observar que boa parte das pessoas está acostumada a ser mal atendida e acha que isso é normal. Já outras recebem atendimentos que correspondem ao mínimo esperado – como serem cumprimentados, perguntados sobre o que desejam e terem suas necessidades atendidas com educação –, e isso é o suficiente. E há pessoas que se incomodam com cortesia demais, por exemplo, quando um atendente faz questão de levar a sacola de compras até a porta para só então entregá-la ao cliente, se despedir cordialmente e convidá-lo a voltar.

Será que, se nos conformarmos resignadamente com a baixa qualidade dos atendimentos que recebemos, contribuiremos para que os atendimentos se mantenham em um nível baixo? Se fossemos exigentes, os empreendedores, gerentes de lojas e atendentes se preocupariam mais em nos atender melhor?

ALÉM DA INTERAÇÃO ENTRE O CLIENTE E O ATENDENTE

O caso narrado no início deste capítulo apresentou mais elementos importantes além da atuação da atendente junto ao cliente. O ambiente teve forte influência na experiência vivenciada. Provavelmente a política de atendimento, perceptível nos procedimentos padronizados, também contribuiu para uma boa experiência.

Quatro elementos interagiram positivamente para que a visita à loja fosse bem-sucedida.

1. O cliente, simpático e comunicativo, contribuiu para o bom atendimento.

2. A atendente, preparada, treinada, cordial e prestativa, contribuiu para a boa experiência do cliente na loja.

3. O ambiente, cuidadosamente estruturado, contribuiu para o encantamento do cliente e para que seu comportamento fosse mais amigável.

4. Os procedimentos internos adotados em função da política de atendimento foram planejados e executados de modo a favorecer a experiência do cliente e não necessariamente a logística interna. Poucas lojas dão tanta atenção a um cliente que declaradamente não vai comprar nada.

Mais dois elementos, não percebidos no caso narrado, também fazem parte do conjunto:

5. A obediência às leis, normas e regulamentos.

6. A existência de fontes de consulta disponíveis para auxiliarem os atendentes.

IMPORTANTE

Essa visão sistêmica do atendimento identificando componentes que, em conjunto, contribuem para a excelência é citada por Edmundo Brandão Dantas em seu livro *Atendimento ao público nas organizações*, no qual, após apresentar tais componentes, ele enfatiza que "O atendimento funciona como uma orquestra: se um elemento desafina, põe todo o conjunto a perder" (Dantas, 2013, p. 37).

O bom atendimento se dá quando um conjunto de elementos contribui simultaneamente, trabalhando como engrenagens movidas por uma engrenagem principal: as expectativas do cliente (necessidades e desejos). Uma vez que tais expectativas possam ser identificadas, todas as peças devem trabalhar em conjunto com o propósito de oferecer a melhor experiência possível de atendimento no ponto de venda (PDV).

Quando pensamos na qualidade do relacionamento que queremos ter com nossos clientes, na experiência agradável que queremos proporcionar, temos que pensar nas causas que o motivaram a vir até nós.

O CICLO VIRTUOSO DA GESTÃO DO ATENDIMENTO

Para que um negócio tenha sucesso, é necessário que haja uma boa gestão. O ciclo virtuoso dessa gestão começa com o planejamento, incluindo nele as pesquisas necessárias, o estabelecimento de objetivos, as ações a serem desenvolvidas e a criação de indicadores para a mensuração dos resultados. A fase seguinte é a organização, etapa na qual preparamos e organizamos os recursos e as pessoas para iniciar a execução. Depois, temos a execução, fase na qual o planejamento é materializado, ou seja, o momento em que tudo acontece de verdade. Uma vez iniciada a execução, é preciso exercer o controle sobre ela, para garantir que tudo esteja sendo feito de acordo com o planejamento. Finalmente, ainda durante a execução e o controle, os resultados são avaliados por meio de indicadores. Depois de completo este ciclo, aquilo que for obtido como aprendizado pela análise e interpretação dos resultados servirá para a tomada de decisões corretivas ou decisões que aperfeiçoem os resultados. A cada ciclo completo, reinicia-se um novo e, assim, é possível obter a melhoria contínua. Esse é o caminho para alcançar a excelência em qualquer atividade de gestão, inclusive na gestão do atendimento aos clientes.

Figura 1.1 - O ciclo virtuoso da gestão do atendimento com excelência

Excelência no atendimento

Excelência é a qualidade daquilo que é excelente, superior. É a qualidade do que não só está acima da média, como também acima dos melhores. Em relação ao assunto deste livro, é o tipo de atendimento que surpreende, entregando mais valor do que o esperado quando é bem realizado.

O atendimento excelente é aquele que faz o cliente se surpreender e exclamar "Uau!". *É o atendimento que fará diferença, que produzirá encantamento, fidelização do cliente e engajamento com a marca.*

QUESTÕES PARA REFLEXÃO

Se você atende a clientes, o que você imagina que poderia melhorar em seu negócio, em cada um dos componentes dos quais falamos? E no papel de cliente, ao pensar nos últimos lugares em que foi atendido, como você percebe cada um dos componentes citados? Para você, a preocupação com todos esses componentes faz sentido?

CAPÍTULO 2

A razão de ser de qualquer negócio

Quando uma pessoa deixa um emprego e diz que não quer mais ter um chefe e que quer trabalhar para si mesma abrindo um negócio, essa pessoa se engana, pois, em seu próprio negócio, ela trabalhará para o cliente, não para ela mesma. Você concorda com esse raciocínio? Você pensa que o cliente é o verdadeiro chefe de qualquer empresa? Você acredita que o cliente é a razão de ser de qualquer negócio? Por quais motivos?

Neste capítulo, pretendemos compreender a importância do cliente para qualquer modelo de negócio e a necessidade de lhe oferecer valor, mais do que somente produtos ou serviços.

CASO DE ATENDIMENTO

Relato próprio.

Entrei em uma loja de vinhos, azeites, pães italianos, massas diferenciadas, conservas e produtos selecionados. Entrei para comprar apenas um produto, mas saí de lá com vários. Não era essa a minha intenção quando entrei.

Chegando ao checkout, disse à operadora de caixa, em voz alta: "Chame o gerente!". Ela olhou para mim e perguntou: "Algum problema? O que aconteceu?". Eu apenas repeti: "Chame o gerente!". E foi o que ela fez. Em alguns instantes, lá estava ele na minha frente, com os olhos atônitos e preocupado, querendo saber do que ou de quem eu iria reclamar.

Alguns funcionários ao redor voltaram sua atenção para mim. Cumprimentei o gerente com um bom aperto de mão, me apresentei e disse: "Te chamei para parabenizar dois de seus atendentes da loja (e citei os nomes, porque eles tinham nomes em seus crachás). Já vim aqui várias vezes e nunca tinha sido tão bem atendido como fui hoje. Educação, cordialidade, atenção e muito conhecimento sobre os produtos do setor. Eles me ajudaram demais nas minhas escolhas, além de serem muito simpáticos e agradáveis. Saio contente com a compra que fiz. Vocês têm algum e-mail por meio do qual eu possa relatar esse elogio por escrito?"

Uma cena como essa não é comum, não é verdade? Mas imagine o bem que fez para todos os envolvidos. Imagine o quanto contribuiu para motivar aquela equipe a sempre prestar bons atendimentos. Por isso, é bom lembrar que os bons atendimentos também acontecem quando o cliente contribui para que eles aconteçam.

CONCEITUANDO O CLIENTE

O cliente é o foco de toda empresa que espera ser bem-sucedida. É ele quem proporciona receita e garante a existência do negócio. *É o componente do atendimento sobre o qual temos influência, mas não temos nenhum controle. Existe para ser servido com excelência.*

Os vários nomes pelos quais um cliente é chamado

Alguns termos que usamos quando nos referimos ao cliente geram confusão e dúvidas na mente de muitas pessoas. Cliente, freguês, consumidor, comprador e usuário são sinônimos? Ou são elementos com significados diferentes?

Usuário é quem utiliza o produto ou serviço. Por exemplo, uma criança de 1 ano é usuária de brinquedos, fraldas, roupas infantis, berço e outros produtos a ela destinados. Ela não efetua a compra, portanto, podemos dizer que essa criança é a usuária, mas não a compradora. Mas, seria consumidora? Seria cliente?

Consumidor e usuário são sinônimos? Ou significam coisas diferentes? Consumir e usar é a mesma coisa? O usuário não necessariamente é quem adquire, quem compra. Já o consumidor é aquele que se envolve no processo de compra, podendo ou não ser o usuário do produto ou serviço adquirido. No exemplo da criança, ela representa o usuário, mas seus pais são os consumidores.

Quando nos referimos ao comprador, nos referimos a quem efetiva a transação comercial, quem efetua o gasto, quem monetiza o processo. Uma palavra que vem sendo muito usada atualmente no contexto do marketing para se referir à pessoa que efetua a compra é "shopper". O shopper é o consumidor presente no ponto de venda, presente no ato da compra, a pessoa que avalia e escolhe o que comprar, de quem comprar e como pagar.

E o cliente? Quem é o cliente, afinal? Uma visão mais simplista nos diz que o cliente é quem compra de um estabelecimento comercial. Porém, outra visão afirma que mesmo quem não compra, mas se beneficia do valor gerado por uma empresa, é cliente. Por exemplo, quando eu me benefício da programação de rádio, ou da TV aberta, ou de aplicativos e conteúdos digitais disponibilizados por meio da internet, sem pagar por eles, sou considerado cliente. Levando em conta essa última afirmação, até a criança tratada inicialmente apenas como usuária pode também ser tratada como cliente, pois se beneficia dos produtos mencionados.

O termo "cliente" deve representar todas as pessoas que se beneficiam dos produtos.

Dependendo do contexto e da ênfase que quisermos dar, podemos utilizar um dos seis termos vistos anteriormente para nos referir ao cliente. Conhecer a terminologia correta pode ser interessante do ponto de vista teórico, mas do ponto de vista da aplicação prática e da melhoria do atendimento, não fará diferença.

Tipos de clientes

Os principais clientes do varejo são o cliente pessoa física e o cliente pessoa jurídica.

Pessoa física	Pessoa jurídica
É o que compra para uso pessoal ou para terceiros, desde que estes terceiros sejam pessoas.	Organização que, por meio de alguém de sua equipe, adquire produto ou serviço para consumo próprio, para uso como insumo de produção ou para revender.

E o tal do cliente interno? Quem é?

O cliente interno não é uma expressão que faz parte do mundo do marketing e das vendas, e sim do mundo dos recursos humanos. Para a área de RH, o cliente interno é o colaborador da empresa, é o departamento para quem nós prestamos algum tipo de serviço. A adoção dessa expressão dentro das organizações serve para fazer com que seus colaboradores tratem com excelência os demais colaboradores e os departamentos internos, da mesma forma com a qual devem ser tratados os clientes externos.

Existe um risco em utilizar a expressão cliente interno, por ser uma visão equivocada que confunde os colaboradores no entendimento sobre a quem realmente as empresas devem servir. Esta abordagem vai na contramão do que em geral ouvimos falar; no entanto, ela é necessária como provocação, com o propósito de reforçar que só existe um verdadeiro cliente: o externo.

Mais provocações

Na Roma antiga, havia uma elite social chamada de patrícios, os grandes proprietários de terras, artesãos e comerciantes. Também existiam os clientes, agregados dos patrícios, de quem recebiam proteção em troca de serviços. Hoje, não em troca de serviços, mas de dinheiro, os clientes recebem produtos ou serviços. E se nós, como fornecedores, adotássemos também a atitude de proteger os nossos clientes?

Além de oferecer produtos e serviços, poderíamos assumir uma postura de que os clientes precisam ser protegidos por nós. Você pode estar se perguntando: protegidos do quê? No nosso caso, seria uma proteção contra o mau atendimento, a propaganda enganosa ou abusiva, as violações Código de

Defesa do Consumidor, os maus produtos, a falta de comprometimento e a falta de ética. *Que tal adotar a postura de proteger e ter cuidado com seus clientes?*

Ao observarmos a figura de um advogado, por exemplo, é possível ter uma visão mais clara desse conceito. Qual é um dos importantes papéis do advogado perante seu cliente? Defender os seus direitos. Se transportarmos essa ótica para o atendimento, certamente melhoraremos a experiência do cliente. Ele é a parte vulnerável nas relações comerciais. *Precisamos defender seus interesses* – salvo, é claro, se for identificado que ele esteja agindo de má-fé.

O CLIENTE AJUDA OU ATRAPALHA?

Depende. Há clientes que ajudam no processo de atendimento, há clientes que atrapalham e há clientes que são neutros, nem ajudam nem atrapalham.

Mas o que significa atrapalhar o próprio atendimento e o dos outros? Uma criança que não para quieta na cadeira do barbeiro, que chora, que quer o colo do pai ou da mãe, um paciente que não segue as recomendações de sua nutricionista, um cliente que fura a fila e arruma confusão com os demais, pessoas que ficam conversando alto durante a exibição de um filme no cinema, um cliente indeciso que gasta o triplo do tempo montando seu prato num restaurante self service, etc.

Existe também o cliente que reclama sem motivo, que tem caprichos desnecessários, o que está emocionalmente alterado, carente e que toma tempo excessivo do atendente porque vê nele alguém para conversar na hora errada. Há, ainda, o cliente que costuma se apropriar indevidamente de mercadorias e o cliente agressivo que adora uma briga. Enfim, essa lista poderia ser maior. Importante lembrar que nenhum desses clientes tem "cara" ou perfil único, e é preciso ter cuidado para não cair em preconceitos arcaicos e enraizados na nossa sociedade.

Porém, existe também o cliente que contribui com o processo de atendimento. O educado, cordial, sorridente, de bem com a vida, que trata bem os atendentes, se comunica com clareza, que esbanja simpatia, brinca e deixa quem o atende extremamente à vontade. Conversa na dose certa sem exagerar, sem roubar o tempo que deve ser dedicado a outros atendimentos. O cliente que é capaz até de compreender, ou quem sabe apenas suspeitar e aceitar, que a pessoa que o atendeu mal provavelmente estivesse passando por um momento difícil, talvez indisposto, doente, com problemas pessoais ou no trabalho. E, por pensar assim, releva o fato e não reclama.

VOCÊ VENDE PRODUTOS, SERVIÇOS OU VALOR?

Há quem diga que não compramos produtos nem serviços, mas compramos valor, ou valor agregado na forma de produtos e serviços. Mas o que é valor?

Para o cliente, valor é a percepção de que ele recebeu benefícios que excederam as suas expectativas em função da quantidade de dinheiro desembolsada. Ou, ainda, que o produto ou serviço adquirido tem benefícios que excedem as ofertas de outras marcas, fornecedores concorrentes ou produtos e serviços similares.

Na cabeça dos consumidores, existe a expectativa de pagar mais caro quando a marca é amplamente reconhecida e quando há esmero na apresentação do produto ou serviço, assim como também quando eles se deparam com lojas com lindas fachadas e vitrines, um ambiente interno atraente, atendentes bem apresentados, cordiais e que transmitem segurança. Consumidores também aceitam pagar mais caro quando compram ingressos para algum espetáculo em lugar mais próximo do palco do que quando compram em um lugar no final da plateia. O mesmo ocorre em relação a comer em um restaurante badalado *versus* um restaurante de comida simples por quilo. *Um benefício mais vantajoso sempre é reconhecido como algo que deve ter um preço mais elevado, por ter mais valor.*

Em atendimento, não se pode esperar que apenas o produto ou o serviço proporcionem ao cliente a percepção de valor. *Compete ao pessoal de atendimento enriquecer a experiência de compra para gerar mais valor para o cliente.*

Por exemplo, em uma feira livre, são vendidos abacaxis *in natura*, inteiros. Os clientes pegam as frutas, examinam, apertam, observam detalhes para decidir se comprarão ou não. Alguns feirantes cortam pedaços e os oferecem aos clientes, para que experimentem. Isso, claro, ajuda o cliente a decidir se comprará ou não. Essa é uma prática habitual. Alguns feirantes, no entanto, se diferenciam oferecendo os abacaxis já descascados, fatiados e embalados. Alguns ainda incrementam a oferta inserindo folhas de hortelã, uma cereja ou qualquer outro ingrediente comestível. E qual é o preço das frutas já cortadas, embaladas e prontas para comer? Pouca coisa a mais, mas muitos clientes enxergam a fruta embalada e pronta para comer como uma praticidade de valor e, nesse caso, não veem problema algum em pagar um pouco mais em algo que enxergam como valor agregado, pois ganharão tempo e praticidade na hora de consumir.

Facilitar o dia a dia dos clientes oferecendo praticidade é uma forma de atendê-los com excelência. Entregar algo além do que os concorrentes entregam representa excelência no atendimento e agrega valor à sua oferta.

QUESTÕES PARA REFLEXÃO

Como cliente nos estabelecimentos comerciais, você tem sido tratado com a verdadeira importância apresentada nesse capítulo? E, se você atende a clientes, você os trata com toda a atenção e excelência que acabou de ler?

CAPÍTULO 3

A importância das pessoas atrás do balcão

Como você prefere comprar? Você gosta de interagir com pessoas ou prefere o autoatendimento? Ou você acha que tudo depende da situação, do tipo de compra e de como a loja está estruturada? Em estabelecimentos que oferecem a opção do autoatendimento você pede ajuda aos atendentes? Ou se vira sem acioná-los?

Este capítulo buscar compreender o papel do atendente para proporcionar uma boa experiência ao cliente, além de identificar como traçar o perfil adequado de um atendente para um negócio.

CASO DE ATENDIMENTO

Relato de um professor que gostava muito de ler em qualquer oportunidade.

Eu trabalhava no centro antigo da cidade de São Paulo. Meu horário era o da tarde e noite, por isso meu intervalo era no jantar, não no almoço. Os colegas de trabalho me indicaram uma lanchonete em que eu poderia pedir pedaços de pizza de qualidade e com um preço honesto.

Chegando na lanchonete, eu pedi dois pedaços de pizza e sentei numa das mesas disponíveis. O local estava vazio naquele horário. Eu era o único cliente. Sem barulho algum, eu pensei que aproveitaria bem o tempo comendo e dando continuidade a um interessante livro que estava lendo.

Como eu estava com o crachá da empresa, o atendente viu onde eu trabalhava e começou a conversar comigo, a falar dos meus colegas que frequentavam o local, do tempo em que ele trabalhava na lanchonete, de como admirava a empresa para a qual eu trabalhava, do tempo, do movimento na rua, da crise, dos negócios que ora iam bem, ora iam mal, da preocupação em fazer pizzas deliciosas, de como era aquela rua antigamente, de como ela havia mudado, da chuva, do sol, do frio, do calor, do preço alto dos ingredientes das pizzas, da concorrência local, do artista de rua que se apresentava ali na frente, da poluição do ar... e eu só queria ler meu livro, só queria instantes de paz.

Eu ficava em silencio, não alimentava a conversa, dava sinais claros com a linguagem do corpo de que não queria aquele momento de relacionamento, que queria apenas sossego e ler meu livro, mas ele não parava, não terminava. E eu não sabia como "desligá-lo", já pensava em ir embora e jantar em outro lugar, mas a pizza já havia sido servida. Terminei de comer irritado, não li nada, fui embora, e nunca mais voltei.

O PAPEL DO ATENDENTE

Quando pensamos no atendimento ao cliente elegemos como principal responsável a pessoa que nos atende. Já está embutida em nossas mentes a percepção de que a principal responsabilidade a respeito da qualidade de um bom atendimento recai sempre sobre um ser humano e não sobre outros componentes.

Não estamos totalmente errados: entre os componentes do atendimento, *aquele que tem maior impacto sobre o resultado é, sem dúvida, o atendente.* Ele é o profissional do contato habitual com os clientes; é ele quem recepciona, estabelece o primeiro contato, ouve o cliente para compreender claramente as suas expectativas e toma providências para entregar o que o cliente deseja, seja um produto, uma informação, uma providência, um encaminhamento ou a prestação de um serviço. Para fazer um bom trabalho, é necessário que o profissional goste e saiba se relacionar com pessoas, tenha disposição para servir, tenha habilidade para comunicar-se corretamente, saiba ouvir e seja capaz solucionar problemas ou garantir que alguém o faça, além de conseguir fazer o cliente se sentir bem, seguro e satisfeito.

Ao receber um cliente, o atendente representa a empresa, a marca. Para o cliente, o atendente é a própria empresa, e muito da avaliação que vier a fazer dependerá da qualidade do atendimento recebido.

Qualquer pessoa dentro de um estabelecimento comercial que se relacione com clientes deve saber como atendê-los, mesmo que essa não seja a sua atividade principal. Isso vale para todos que se comunicam com o cliente, quer seja na interação presencial, face a face, quer seja por meio de interações remotas por vídeo, áudio ou por escrito. E quando nos referimos a qualquer pessoa, não é útil prender-se somente a pessoas que formalmente ocupam cargos com o nome de atendente, recepcionista, balconista, vendedor ou similares. Devemos considerar que os próprios empreendedores também podem ser entendidos como atendentes, assim como os profissionais que prestam serviços ou atendem às necessidades do cliente, mesmo que não tenham contato com ele. Se imaginarmos, por exemplo, um serviço de lavagem de veículos, podemos dizer que os profissionais que lavam, enxugam e dão o acabamento ao veículo, mesmo que não se comuniquem com o cliente, fazem parte do atendimento ao cliente.

Essa abordagem ampla classifica o atendimento em duas linhas de atuação: a linha de frente e a linha de retaguarda. A linha de frente é composta por todos os profissionais que entram em contato com o cliente, que se comunicam com ele, que tomam conhecimento de suas expectativas e que providenciam eles mesmos o que o cliente deseja ou delegam a outros essa tarefa. Já a linha de retaguarda é composta por todos aqueles profissionais que trabalham em função do cliente, mas não têm contato direto com ele.

A equipe da linha de frente

A equipe da linha de frente é a que tem a maior importância nos resultados, de acordo com a maneira como percebemos o atendimento. Essas são as pessoas com quem os clientes estabelecem contato, em quem os clientes confiam para solucionar seus problemas, de quem se espera toda e qualquer providência necessária. Entre eles, podemos destacar profissionais como atendentes, vendedores, recepcionistas, telefonistas, caixas, empacotadores, entregadores cabeleireiros, manicures, garçons, orientadores em eventos, guias, ascensoristas, guardas de segurança, frentistas, motoristas de táxi e de carros de aplicativo e outros similares.

A equipe da linha de retaguarda

Na equipe da linha de retaguarda, destacamos os profissionais que, ocasionalmente, atendam às necessidades não habituais dos clientes. Por exemplo: alguém com perfil técnico pode, em algum momento, ter que conversar com o cliente para contribuir na solução de um problema. Também podemos citar todos os demais profissionais não listados na linha de frente, sem exceção, como o pessoal do atendimento remoto, empregados da fábrica, da limpeza, dos almoxarifados, dos escritórios de administração, enfim, todos os demais que trabalham em função do cliente, mesmo que não o vejam. Se considerarmos que um cliente satisfeito ao utilizar um produto adquirido é um cliente bem atendido, entendemos que, lá na linha de retaguarda, um funcionário da fábrica fez um trabalho bem-feito, com a intenção de atender bem aos clientes que adquirissem os produtos que ele contribuiu para fabricar.

A CONSTRUÇÃO DO PERFIL DO ATENDENTE PARA CADA NEGÓCIO

Em primeiro lugar, é bom deixar claro que o conhecimento aprofundado do ramo de atividade para o qual o atendente trabalha é obrigatório. Em relação à profundidade do conhecimento técnico, quanto mais simples for o negócio, menos conhecimentos serão exigidos. Quanto mais complexo, mais conhecimentos. Dessa forma, não precisamos nos ater a padronizar o perfil técnico definindo o grau de escolaridade nem outros requisitos. Cada empreendedor saberá identificar, assim espero, o perfil técnico de atendente adequado para suas contratações.

É importante que os profissionais não sejam contratados por indicações sem fundamento. No varejo, muitas vezes, os atendentes são contratados por serem parentes, amigos ou conhecidos dos amigos. Esse não é um critério profissional. Independentemente do porte da empresa, ao contratar atendentes, deve-se ter o cuidado de utilizar uma ficha de descrição de cargo para a função de atendente.

Uma ficha de descrição de cargo é um documento da área de Recursos Humanos que descreve o que o ocupante do cargo faz, como faz e com qual finalidade. Nesse documento, também se encontram os deveres e as responsabilidades do ocupante do cargo, assim como as especificações e as condições de trabalho.

Tal documento servirá de base para identificar necessidades de treinamento, política de remuneração, estabelecimento de objetivos de trabalho e desenvolvimento, critérios para avaliação de desempenho e feedback, entre outras práticas de uma boa gestão de recursos humanos. Vejamos um exemplo:

Ficha de descrição e análise de cargo de atendente de loja

Título do Cargo

Atendente de loja.

Resumo do cargo

Responde por todo o processo de atendimento aos clientes, desde a recepção, a sondagem de suas necessidades e a solução do problema apresentado até a despedida.

Vende produtos da loja, auxilia o cliente a encontrar, escolher, provar e trocar mercadorias e organiza o ponto de venda em ações cotidianas e em ações de merchandising focadas em promoções e em datas comemorativas. Também faz demonstração de produtos, fornece informações, explicações, pesquisa especificações técnicas nas fontes de consulta disponíveis, processa pagamentos de clientes, embala produtos e preenche dados cadastrais e informações transacionais dos clientes nos sistemas de operação do negócio, assim como no sistema de relacionamento com os clientes.

Além disso, atende clientes por meio de aplicativos de mensagens e por telefone, respondendo informações solicitadas, anotando pedidos, providenciando mercadorias, disponibilizando meios de pagamento e encaminhando os pedidos para a entrega.

Responde pela limpeza e higiene de seu local de trabalho, bem como pela conservação e validade das mercadorias do setor sob sua responsabilidade. Reporta problemas de qualquer espécie à instância superior.

Participa de reuniões de planejamento e avaliação de resultados e também de treinamentos sobre produtos e técnicas de atendimento, de vendas e de comunicação, além de conteúdos comportamentais.

Formação necessária

Ensino médio em curso.

Formação desejável

Ensino médio técnico em administração ou comércio completo ou em curso.

Curso livre de atendimento ao cliente.

Curso livre de vendas no varejo.

Habilidades necessárias

Cálculos matemáticos comerciais.

Boa comunicação verbal (oral e escrita).

Habilidades desejáveis

Negociação comercial no varejo.

Operação de sistemas transacionais.

Operação de sistema de gestão de relacionamento com clientes.

Uso de aplicativos de mensagens e redes sociais no contexto comercial para fins de comunicação com os clientes e fornecedores.

Competências comportamentais desejáveis

Ser capaz de trabalhar em equipe com objetividade, dinamismo e flexibilidade.

Gostar de pessoas e ser capaz de relacionar-se bem com os clientes, transmitin-do credibilidade, confiança, respeito à diversidade, ética e inteligência emocio-nal para lidar com situações adversas.

Requisitos físicos

Apresentação pessoal compatível com o modelo de negócio [atenção: é impor-tante salientar aqui que não se trata de boa aparência, mas de como o candi-dato se apresenta].

Acuidade visual e auditiva.

Capacidade para erguer e transportar até 25 quilos entre áreas internas e esta-cionamento para clientes.

Condições de trabalho

Executa seu trabalho predominantemente em ambiente fechado, na maior parte do tempo em pé e em movimento, nas dependências da loja física (área de clientes e armazém de mercadorias anexo), incluindo estacionamento próprio, podendo se estender na via pública até cem metros do estabelecimento para acompanhar a entrega de mercadorias a clientes em veículos fora do estacionamento.

Trabalha em temperatura ambiente ou condicionada, sujeito a riscos ergonômicos, físicos e químicos, de acordo com o mapa de risco.

Executa seu trabalho em horário comercial definido das 9h00 às 18h00, com uma hora de intervalo para almoço e descanso, de segunda a sexta. Trabalha também das 9h00 às 13h00 aos sábados. Pode trabalhar em regime de horas extras, de acordo com a legislação trabalhista. Não exerce trabalho remoto em regime de *home office*.

Recursos necessários para o trabalho

Camiseta com identidade visual da marca.

Avental com identidade visual da marca.

Equipamentos de proteção individual quando em trabalho de reposição de mercadorias circulando na área de armazém (capacete, luvas de PVA e óculos de proteção).

Dispositivo móvel de comunicação (celular) da loja, de uso coletivo.

Computadores modelo desktop equipados com os sistemas necessários para a operação.

Impressoras diversas para papéis, notas e cupons fiscais.

Calculadoras, máquinas de cartões de crédito e débito e dispositivos fixos e portáteis de leitura de códigos de barras e QR.

Material e suprimentos de escritório em geral.

O uniforme ajuda a representar a marca e a identificar os funcionários para os clientes.

Se você é quem empreende, ou quem supervisiona atendentes, pode, a partir do modelo anterior, desenvolver uma ficha personalizada para o cargo de atendente de seu negócio. Não se faz uma ficha por profissional, mas uma única por cargo, independentemente de quantos profissionais atuem no atendimento.

Quanto aos requisitos, você preencherá com aqueles que fizerem sentido para o atendente de sua empresa. Este documento deve ser mostrado aos atendentes que ocupam o cargo, para que fiquem cientes de suas responsabilidades. Trabalhar com transparência é uma prática necessária.

Se você já trabalha ou pretende trabalhar como atendente, essa ficha fornece um bom direcionamento de como você pode se preparar para começar ou se aperfeiçoar na profissão.

QUESTÕES PARA REFLEXÃO

Se o atendente é a peça-chave do processo de atendimento, é natural que os profissionais a serem contratados para essa função sejam os melhores dentro do nível de exigência do público atendido. É fácil encontrar profissionais prontos para um atendimento excelente? Contratar pessoas despreparadas para atender a clientes pode comprometer os resultados do negócio? Na falta de profissionais com qualificação disponíveis no mercado, é possível treinar e desenvolvê-los depois de contratados? A responsabilidade do desenvolvimento profissional de atendentes deve ser só da empresa ou os atendentes também devem investir em seu desenvolvimento? Uma ficha de descrição de cargo contribui para uma gestão mais eficiente da carreira de atendente? Pense a respeito disso, tendo em vista o que tratamos nesse livro até o momento.

CAPÍTULO 4

A loja que o cliente curte visitar

O estado do ambiente e das instalações de uma loja ou outro tipo de estabelecimento comercial faz diferença na qualidade do atendimento? Se a loja tiver bons atendentes, você considera que ela pode até ser escura, desorganizada, visualmente poluída e suja? Será que clientes se sentiriam bem, permaneceriam mais tempo, gastariam mais e retornariam mais vezes se o ambiente fosse claro, bem-organizado, limpo e bonito?

Neste capítulo, vamos entender como a ambientação de um estabelecimento pode influenciar positiva ou negativamente no resultado do atendimento.

CASO DE ATENDIMENTO

Relato de um consumidor à procura de utensílios para sua casa.

Entrei em uma loja de rua que vende utilidades domésticas e fica em um ótimo ponto comercial. Ao redor dela havia lojas bonitas, bem-organizadas, com fachadas de vidro, algumas com ar-condicionado, boa iluminação e vitrines muito bem decoradas. Algumas pareciam até lojas de shopping. Grande parte delas contava com recuo à frente das calçadas, o que permitia o estacionamento de três ou quatro veículos.

A loja na qual entrei destoava de todas as demais. Eu não tinha alternativa, porque não havia por ali nenhuma outra que vendesse os mesmos produtos.

O sistema de compra era de autoatendimento. A loja estava abarrotada de mercadorias amontoadas nos expositores, de maneira desorganizada, sem nenhum padrão, inclusive com mercadorias acumuladas no chão e nos estreitos corredores mal-iluminados. Por todos os lados, eu via câmeras que nem sei se funcionavam ou se estavam ali apenas para intimidar quem quisesse se apropriar indevidamente de mercadorias. Cartazes com os dizeres "Sorria! Você está sendo filmado", se espalhavam pela loja toda. Outros cartazes, dizendo "Não aceitamos cheques" e "É proibido fotografar e filmar dentro da loja" eram abundantes por todos os lados. Cartazes de todos os tipos, sem a identidade visual da marca, alguns comprados em papelarias, outros feitos com impressora ou escritos à mão, estavam por toda parte.

Havia sanitários para clientes, mas era impossível chegar até eles porque algumas mercadorias à venda tinham sido colocadas em frente às portas.

O teto tinha várias placas de gesso rachadas e o alto das paredes estava repleto de ganchos, buchas, pedaços de barbante, de fita crepe e de restos de cartazes que foram rasgados quando retirados.

Além disso, era possível ver poeira e bolor nas paredes, fiação elétrica e de rede de computadores exposta, diferentes tipos de piso no chão e a área de estacionamento, diante da calçada, estava com alguns buracos.

Olhando aquilo, eu pensava se aquele cenário sempre teria sido assim ou se foi se degradando com o tempo. De qualquer forma, não era um lugar agradável para permanecer por muito tempo e, quem sabe, gastar um pouco mais de dinheiro.

A sorte daquele comerciante era a de que ele não tinha concorrentes para os mesmos produtos num raio de um quilômetro; mas até quando a sorte permaneceria ao lado dele? Bastaria um empreendedor qualquer notar os pontos fracos dele, conseguir um imóvel nas proximidades e inaugurar um negócio similar, bem-organizado, com uma loja bonita, preços similares e pronto: a sorte mudaria de dono.

O AMBIENTE FAZ A DIFERENÇA

O ambiente faz muita diferença na qualidade do atendimento. Lojas abarrotadas de produtos amontoados, com corredores estreitos, mal-iluminadas, com necessidade de reparos nas paredes e pisos, banheiros sujos, gambiarras elétricas expostas e poluição visual, por exemplo, causam má impressão e afastam os clientes.

Alguns comerciantes pequenos apostam na grande variedade de produtos e os expõem em espaços extremamente limitados tornando todo o aspecto visual excessivamente poluído e o layout de difícil circulação, aumentando a dificuldade de localização das mercadorias amontoadas em expositores improvisados, além de ambientes mal-iluminados e que também apresentam dificuldades de higienização.

Pontos de vendas como esses conseguem atrair clientes se praticarem preços baixos, mas a prática de preços baixos, mesmo com alto giro de mercadorias, pode resultar em grande esforço, desgaste físico, mental e incerteza sobre o lucro.

Se o consumidor encontrar, no mesmo quarteirão de uma rua comercial, dois estabelecimentos que revendam as mesmas mercadorias por preços muito similares, é muito provável que sua escolha seja o estabelecimento que tem uma ambientação mais organizada, mais espaçosa, mais limpa, melhor iluminada, porque essa, com certeza, será mais atraente, mais convidativa para a realização de compras.

Quando se fala na ambientação de um estabelecimento comercial, precisamos considerar que ela deve ser cuidadosamente planejada, desde a fachada do estabelecimento. Deve ter uma entrada convidativa, vitrines atraentes (caso tenha vitrines) e comunicação visual compatível com a identidade da marca, sem cartazes feitos de forma improvisada ou com layouts diferentes entre si.

Uma loja organizada facilita a compra e traz uma sensação positiva para o cliente.

Uma loja bagunçada dificulta a busca pelo produto e pode afastar o cliente.

SUGESTÃO

Pense nas vezes em que você entrou numa loja descuidada, bagunçada, confusa. Qual foi a sua sensação? Você queria ficar lá mais tempo ou queria sair o mais rápido possível?

Agora, pense na experiência contrária. Como você se sente ao entrar em uma loja organizada, bem iluminada, em que você encontra os produtos com facilidade? Você consegue se lembrar de alguma loja marcante nesse sentido? O que ela tinha de diferencial? Use sua experiência como cliente para ajudar a criar uma experiência cada vez melhor para os seus clientes.

Como melhorar o ambiente do estabelecimento

As recomendações a seguir demandam investimento. Nem todos os empreendedores têm orçamento para tal, e nem todos os tipos de estabelecimento precisarão de todos os itens, por isso procuramos elaborar uma lista com uma boa quantidade de itens importantes. A depender do porte do comércio, de sua proposta de valor para com os clientes e do orçamento disponível, a ambientação deve ser planejada considerando:

- Iluminação clara, perfeita para o ambiente e tipo de mercadoria ali revendida, que permita que as mercadorias, assim como as informações que as acompanham em embalagens e etiquetas, possam ser lidas com facilidade.

- Ar-condicionado, para a manutenção de uma temperatura agradável, que refresque nos dias quentes e que aqueça nos dias frios.

- Ambiente perfumado, isento de odores desagradáveis.

- Música ambiente compatível com o estilo da loja, da marca e do perfil dos consumidores. Caso o estabelecimento utilize locutores anunciando mercadorias e ofertas, que o som seja na medida certa, equilibrado e de qualidade. Também é importante que as pessoas na locução sejam capacitadas para esse tipo de trabalho.

- Exposição de mercadorias bem-feita, com o uso de técnicas de visual merchandising e o cuidado para a renovação constante dos cenários, de modo a proporcionar a sensação de constante novidade.

- Exposição tematizada de mercadorias em função de datas especiais.

- Corredores amplos e com rotas que facilitem a circulação, considerando também a acessibilidade das pessoas com deficiência.

- Embaladores plásticos de guarda-chuva, ou o recolhimento desses objetos em troca de cartão de senha na entrada. Nada de baldes na entrada para colocá-los.

- Limpeza impecável do teto ao chão, incluindo as mercadorias.

- Paredes, pintura e pisos impecáveis, sem manchas, sem buchas, ganchos, fitas crepe esquecidas nas paredes ou coisas similares.

- Sanitários limpos, perfumados e impecáveis, com todos os acessórios necessários, de modo a não denotar descuido, com papel toalha, sabão líquido e cestos de lixo.

- Sinalização padronizada e bem visível de direções, seções de mercadorias, locais diversos, caixas, pacotes, filas, locais de atendimento prioritário e preferencial, sanitários, saída de emergência, localização de extintores de incêndio, estacionamento, vagas exclusivas de estacionamento e tudo o mais que deva ser sinalizado a título de informação, praticidade, orientação e segurança.

- Assentos para descanso ou para espera de atendimento. Um cliente em dia de compras ou quem o acompanha pode precisar de um tempo de descanso.

- Provadores de roupa espaçosos, bonitos, limpos, confortáveis e, se possível, com espaço para acompanhantes aguardarem confortavelmente; espaços onde as pessoas que estão provando as roupas possam circular e até tirar fotos (que tal um espaço para selfies junto aos provadores?).

- Bebedouros com água em temperatura normal e gelada e copos descartáveis.

- Armários seguros para guardar pertences enquanto as compras são feitas (para proporcionar comodidade aos clientes, não para evitar roubos).

- Tomadas próprias para carregamento de eletrônicos portáteis, como celulares e outros dispositivos móveis, dispostas em locais apropriados e estratégicos.

- Fornecimento de Wi-Fi gratuito para os clientes.

- Espaço para pais e mães trocarem fraldas de bebês e/ou para amamentação.

- Café, gratuito ou pago.

- TV ou algum outro tipo de passatempo durante espera de atendimento.

- Ambiente de entretenimento para os acompanhantes de quem está comprando.

Lista de checagem para avaliar o ponto comercial e o ambiente

Nessa lista a seguir estão alguns pontos para os quais você deve olhar a fim de melhorar a ambientação de seu estabelecimento. São aspectos que norteiam a avaliação de seu ambiente interno e também externo.

1. Onde sua loja está localizada? Em uma rua comercial, em um shopping, galeria ou numa rua residencial, sem circulação de pessoas fazendo compras? É preciso ser visto onde há circulação de pessoas, veículos particulares e transporte coletivo. De preferência, procure locais que tenham estacionamento próprio, em que seja possível estacionar na rua com facilidade, ou em que haja estacionamentos particulares com os quais você possa ter convênio para garantir desconto. Proporcionar acesso fácil e comodidade aos clientes também faz parte do atendimento.

2. Sua loja precisa estar em um local compatível com o seu tipo de negócio, com outros estabelecimentos vendendo algo similar ou complementando o que você vende. O público de sua loja e dos demais locais, precisa ser semelhante. Não faz sentido uma loja de moda feminina numa rua onde predominam oficinas mecânicas, lojas de automóveis, autopeças e depósitos de transportadoras (mas é possível ver esse cenário).

3. É importante procurar locais em que haja segurança para seus clientes, além de evitar também lugares sujeitos a alagamentos em dias de chuva e nos quais o trânsito não colabora. Nunca se acomode em um local que não contribua para que seus clientes tenham fácil acesso. Preste sempre atenção às possibilidades de mudança para melhores pontos comerciais.

4. Como é a visibilidade de seu estabelecimento para quem passa na frente dele, a pé ou em veículos? Seu estabelecimento é facilmente

visto ou fica escondido por outras edificações? Já vi estabelecimentos escondidos pela estrutura de pontos de ônibus na calçada e outros recuados com grandes muros laterais. Se sua loja for de rua, dê uma volta pelas proximidades, na mesma calçada, na calçada oposta, nas esquinas. Verifique como as pessoas a enxergam. A simples identificação de sua loja é um ponto de contato de atendimento.

5. Quem enxerga sua loja identifica rapidamente o que você vende? Observe sua fachada, incluindo vitrines, iluminação externa e na entrada, mercadorias expostas e compare com os estabelecimentos vizinhos. Você tem um padrão visual melhor que o deles, ou pelo menos do mesmo nível? Sua fachada se destaca negativamente quando comparada às demais? Sua comunicação visual à entrada é planejada ou improvisada? O que sua fachada comunica faz parte do atendimento ao cliente, é um ponto de contato. Outro cuidado importante é a observação da legislação de sua cidade em relação às placas, faixas e cartazes. Além disso, fique atento ao estado de manutenção da calçada e estacionamento na entrada, caso a fachada seja recuada: mantenha o piso externo de estacionamento e calçada sempre regular, limpa e sem buracos ou saliências.

6. Layout e circulação são pontos importantes a considerar. Os espaços devem ser amplos, tendo em vista o movimento do estabelecimento em seus horários de pico. Lojistas que optam por abarrotar seus expositores com mercadorias, muitas vezes terão dificuldade para manter corredores largos e espaçosos, e isso não é bom para a experiência do cliente. É necessário se preocupar com a circulação de pessoas com deficiência; isso deve ser considerado ainda na etapa de planejamento do espaço. Uma boa observação pode corrigir problemas como os pontos de estrangulamento, que dificultam a circulação. Considere o layout como um aspecto relevante para a permanência dos clientes. Sendo assim, esteja sempre observando como os clientes se deslocam, onde param, se há estrangulamentos, aglomerações e, se necessário, faça modificações.

7. Rotina de limpeza e manutenção. Não limpe apenas quando notar algo sujo. Não conserte ou repare apenas quando notar algo quebrado. Tenha uma rotina diária, com uma lista de checagem de tudo que deve ser limpo, considerando o método, produtos e objetos usados na limpeza. Tenha uma lista de checagem também de tudo que precisa estar impecável e em perfeito funcionamento, considerando pintura, vidros, vitrines, iluminação, pisos, tetos, ventilação, refrigeração, aquecimento, expositores de mercadorias, equipamentos manuais, elétricos e eletrônicos, ferramentas, utensílios, etc. Fique atento a papéis ou outros resíduos que estejam no chão e crie uma cultura entre os colaboradores para remover imediatamente qualquer detrito ou resíduo no chão, sobre os balcões ou em qualquer lugar. Remova pregos, arames, buchas, barbante, restos de fita crepe, enfim, de qualquer coisa em paredes, estruturas, teto, etc. Observe e conserte goteiras e vazamentos de qualquer espécie. Procure também eliminar ou reduzir ruídos indesejáveis.

8. Estética, beleza e melhoria contínua são essenciais. Torne o ambiente cada vez melhor, mais bonito, mais agradável, mais convidativo aos clientes. Melhore sempre a estética, produzindo um excelente impacto visual. Faça registros fotográficos de como um determinado ambiente era e como ficou depois de uma mudança. Avalie como melhorar ainda mais. Decore, enfeite, embeleze, mas sem exageros. Padronize o que puder, sempre levando em consideração a preservação da identidade da marca. Elimine qualquer poluição visual, não improvise nos expositores e mantenha um padrão no estilo de sua loja. Seja exigente nesse aspecto.

QUESTÕES PARA REFLEXÃO

Pergunte aos seus clientes mais próximos o que eles melhorariam em seu ambiente. Com a colaboração deles, você conseguirá um olhar adicional ao seu. Que tal iniciar uma conversa com os seus principais consumidores, para que eles indiquem o que fariam no seu lugar? Que tal separar uma pequena porcentagem do faturamento mensal para investir na melhoria do ambiente? Que tal desenvolver um plano de melhoria do ambiente e ir implementando as mudanças aos poucos, à medida que o orçamento permitir?

CAPÍTULO 5

O jeito de atender que ajuda o cliente a comprar

Você já viu uma política de atendimento a clientes, ou seja, um documento criado para dar orientações de como atender com excelência? Será que basta transmitir as instruções oralmente? Ou você acha boa a ideia de ter as práticas de atendimento transmitidas por escrito aos novos membros de uma equipe? Esse documento pode ser flexível?

Vamos tratar, neste capítulo, de como é importante a criação de procedimentos internos que trabalhem em função do cliente e não da burocracia e logística interna, assim como da necessidade de haver fontes de consulta confiáveis sobre produtos, serviços e outras informações relevantes à disposição dos atendentes.

CASO DE ATENDIMENTO

Relato de um analista de RH em viagem, treinando colaboradores de uma filial de sua empresa.

Esse caso aconteceu em Londrina, no Paraná. Eu estava em viagem a trabalho prestando suporte para as áreas comerciais da empresa. Na época, uma cervejaria nacional havia anunciado uma marca que prometia ser uma cerveja diferenciada.

Terminado o expediente, numa tarde quente, os colegas locais de trabalho, numa atitude de cordialidade, quiseram me levar para um "happy hour" em um bar com área externa e agradável.

Achei que o momento seria ótimo para experimentar a cerveja recém-lançada e que não era facilmente encontrada. Nem olhei o cardápio e já fui logo pedindo. Mas não a tinham.

Em muitos estabelecimentos similares o garçom apenas diria "essa eu vou ficar te devendo" e ofereceria as marcas disponíveis. Mas o garçom que nos atendeu agiu de forma diferente. Ele disse que não dispunha daquela marca para me servir, mas em seguida falou: "Espere um pouco que eu vou resolver isso agora mesmo". Eu o observei se afastando, dirigindo-se ao caixa do bar, pegando dinheiro, saindo, atravessando a rua, entrando em um bar concorrente e, depois de alguns minutos, ele saiu de lá carregando algumas garrafas da cerveja que eu havia pedido e as trouxe até a nossa mesa em um daqueles tradicionais baldes de gelo.

Foi um atendimento que me surpreendeu e me encantou. Até hoje conto essa história como exemplo de atendimento excelente, de forte interesse em satisfazer o cliente sem se prender a limitações logísticas. A operação logística deve ser flexível e sempre contribuir para atender aos interesses do cliente e não o contrário.

POLÍTICA DE ATENDIMENTO AO CLIENTE

A política de atendimento é o documento que orienta todo o processo de atendimento, considerando todos os elementos envolvidos. Como já tratamos do cliente, do atendente e do ambiente, vamos nos ater aos procedimentos que devem ser criados, documentados e comunicados *para que todo o foco do atendimento esteja sempre voltado aos interesses do cliente* – o que não significa fazer tudo o que eles quiserem, caso ajam de má-fé ou se isso significar descumprir leis ou normas externas.

Quais os melhores procedimentos para se adotar?

Os procedimentos dependem do modelo de negócio, mas os pontos principais a serem considerados são:

1. Criação e manutenção de padrões de excelência.

2. Autonomia para que os atendentes possam tomar as próprias decisões sem recorrer à supervisão.

3. Flexibilidade e humanização para com os clientes em vez de engessamento dos procedimentos.

Criação de padrões

Os padrões proporcionam uniformidade no atendimento. Uniformidade sem engessamento, pois sempre haverá situações nas quais será preciso quebrar um procedimento previamente definido para facilitar a solução de problemas para o cliente.

A previsão de possíveis situações de atendimento deve fazer parte da criação desses padrões. E, depois da política implementada, é preciso que os atendimentos ocorridos sejam analisados e que a experiência com eles, boa ou ruim, possa proporcionar modificações que produzam melhorias. Tanto a qualidade da interação humana quanto da prestação do serviço (trocas de produtos, suporte técnico, atendimento em garantia e outros procedimentos) devem ser planejadas. Por exemplo:

- Abrir mais caixas para o checkout quando a espera demasiada nas filas para pagamento se tornar um incômodo para os clientes.

- Ter pontos de checagem da qualidade em cada etapa da prestação de serviços quando o atendimento for desse tipo.

- No processo de fabricação na indústria, na confecção ou na área de alimentos, também se deve contemplar diversos pontos de checagem para garantir que os produtos tenham igual padrão de qualidade.

- Lojas físicas também utilizam telefones para atender clientes. O bom procedimento não é atender ligações dizendo "Alô", ou, "Alô. Quem é?". Um bom procedimento requer citar o nome do estabelecimento, o nome do departamento, quando for o caso, o nome de quem está atendendo e uma saudação como "Bom dia" e finalizar perguntando algo semelhante a "Como posso ajudar?".

Autonomia para os atendentes

O atendimento se arrasta e causa perda de tempo quando atendentes não têm autonomia, quando não têm permissão para tomar decisões que poderiam ser previamente definidas nas políticas de atendimento. A necessidade de pedir autorização para fazer algo que ajude no processo de atendimento gera desconforto ao atendente e ao cliente. *O atendente já poderia estar instruído e previamente autorizado.* Por exemplo, quantas vezes um operador de caixa recorre à supervisão para desfazer uma operação que poderia ser feita rapidamente, sem a necessidade de acionar outra pessoa? Isso acontece por falta de confiança nos colaboradores? Se não há confiança, o que poderia ser feito para resolver essa questão?

Atendentes precisam de autonomia responsável, não só para resolverem os contratempos simples, mas também os complexos. Com isso, o cliente percebe que seu problema está sendo imediatamente resolvido, o que gera confiança e tranquilidade, pois ele nota a eficiência no atendimento. Atendentes não devem ficar esperando por respostas ou autorizações: devem ter as alçadas necessárias para solucionar os problemas dos clientes. Basta que tudo esteja previamente definido nas políticas. Se uma situação não prevista vier a ocorrer, ela será uma exceção, não a regra; no entanto, em seguida, ela já poderá entrar para as regras e deixar de ser exceção.

Situações desconfortáveis para o cliente causadas pela falta de autonomia do atendente:

- Ser repassado para outra pessoa e recontar o problema.

- Esperar outra pessoa retornar o contato posteriormente.

- Perder tempo esperando pela resposta de alguém que não está ali no momento.

- Ter a sensação de que as pessoas com quem está falando não terão condições de resolver o problema.

- Sentir que o problema não será resolvido e que talvez seja necessário recorrer a instâncias superiores, perder tempo, se desgastar e, talvez, mesmo assim, não encontrar a solução adequada.

Essas situações geram irritação, indignação, estresse e aversão à empresa.

Flexibilidade e humanização

Ser flexível no atendimento significa *ter a capacidade de identificar claramente as necessidades dos clientes e fugir às regras de conduta normal, caso isso seja importante para resolver o problema dos clientes com agilidade, ética e objetividade*. As políticas de atendimento já devem prever essa flexibilidade.

Muitas lojas adotam procedimentos sem flexibilidade simplesmente porque copiam os procedimentos adotados por outras lojas, o que faz com que seu atendimento seja igual ao das outras, sem nenhum diferencial que possa atrair o cliente e proporcionar uma melhor experiência. Aliás, isso é algo comum no mundo dos negócios: copiar aquilo que outros fazem e replicar no seu próprio negócio, sem considerar se a prática em questão está entre as melhores ou não.

Situações nas quais pode-se trocar um procedimento engessado por um flexível:

- Vender e trocar produtos para os clientes deve sempre ter a mesma importância, portanto, não pode haver dias ou horários em que a loja se recusa a trocar produtos. Se o cliente pode comprar aos sábados, por que não poderia trocar produtos também aos sábados? O cliente não é apenas um número no faturamento, mas um ser humano que merece respeito e consideração.

- Se o cliente se arrepender de uma compra e desejar trocar o produto sem que tenha defeito algum, por que não trocar? Só porque não existe esse tipo de obrigação nas leis? Qual seria o interesse numa situação em que eu prefiro dizer que a lei não me obriga a fazer algo e, por isso, não vou fazer, mesmo que o cliente peça a troca? Se perceber que não há má intenção no pedido, por que não o atender?

- Se a loja estiver fechando e um cliente chegar necessitando de algo, por que se recusar a atender? Só porque há um horário para fechar? Não é o cliente a razão de existir do negócio?

- Se um cliente sente a necessidade de fotografar um produto enquanto pesquisa para depois decidir qual produto comprar, por que não o deixar fotografar?

- Se um cliente deseja trocar um produto que apresentou problemas, mas já passou o prazo previsto em lei para troca por defeitos, por que não trocar o produto, se você reconhecer que mesmo com o tempo de uso aquele defeito ou problema não deveria ter acontecido? Você ficaria mais pobre ou iria à falência ao trocar o produto? Ou encantaria o cliente e ganharia com a sua fidelização?

- Um cliente veio para trocar um produto e sua loja tem uma política que permite trocas, mas o cliente não trouxe a nota ou cupom fiscal. Por que não trocar, se você sabe que aquele produto foi comprado ali?

Ser flexível não é uma obrigação. Caso você julgue que alguns dos exemplos anteriores são exagerados e não os colocaria em prática, não há problemas. No entanto, ficam as sugestões como inspiração para a prática da flexibilidade e humanização. Inspire-se nessas sugestões e atenda de uma forma melhor do que seus concorrentes.

FONTES DE CONSULTA

CASO DE ATENDIMENTO

Relato de um músico em busca de equipamentos.

Eu procurava uma caixa de som com boa potência, que tivesse *bluetooth*, rádio, entrada para *pendrives*, cabos auxiliares, instrumentos e microfone, alguns controles de som e que também tivesse saída para fones de ouvido. Além disso, queria que funcionasse com bateria interna. Pesquisei na internet, li manuais, assisti a vídeos e, depois de fazer todo o levantamento prévio, fui a uma loja física para ver os produtos de perto.

Na loja, encontrei a caixa pesquisada, mas ela era diferente, apresentando um plugue que parecia ser uma saída para fone de ouvido. Eu não havia visto aquele dispositivo no manual do produto e pedi a um vendedor especializado em som que me dissesse para que servia aquele dispositivo. Minha surpresa foi que o especialista não sabia e simplesmente me disse que não poderia me ajudar. Não demonstrou qualquer interesse em descobrir do que se tratava. Não foi procurar o manual do produto, não foi à internet, nem esboçou iniciativa para me responder.

Em um caso como esse, o mínimo que se espera é que o especialista de apenas um setor, que nem era grande, nem tinha muitos itens diferentes, conhecesse todos os produtos detalhadamente. Mas ele não os conhecia. Nesse caso, a segunda expectativa era a de que, embora não tivesse a informação que eu precisava, se esforçasse e soubesse como procurar. Mas não o fez.

Não sabia e, provavelmente, não fora treinado para buscar as informações solicitadas pelos clientes a respeito de uma dúzia de produtos sobre os quais era tido como especialista. A consequência dessa ação é que eu comprei o produto, sim, mas em outra loja.

Me pergunte se eu descobri para que serve aquele misterioso plugue? A resposta é não: até o fabricante errou ao não inserir essa informação no manual do produto.

Para um atendente especialista em seu setor, que talvez trabalhe com uma pequena linha de produtos, faz sentido exigir que ele conheça em detalhes os produtos que vende. Já os atendentes que vendem centenas ou milhares de produtos diferentes não podem ser exigidos da mesma forma. Então, nosso primeiro ponto é: sempre que não for exigível que profissionais de atendimento sejam especialistas em seu trabalho, é necessário que tenham à disposição fontes de consulta, para que possam obter as informações necessárias, tanto para si mesmos quanto para ajudar os clientes no atendimento. Mas o que seriam essas fontes de consulta?

1. Embalagens, seus rótulos e etiquetas.

2. Catálogos e fichas técnicas de produtos.

3. Manuais físicos ou digitais de produtos.

4. Consulta a um especialista no produto presente na loja.

5. Websites e blogs dos fabricantes e lojas.

6. Sites de comparação e de avaliação de produtos.

7. Artigos on-line.

8. Postagens em redes sociais, incluindo as de influenciadores digitais e especialistas.

9. Sites de reclamações.

10. Vídeos de abertura, testes, demonstrações ou de avaliações de produtos.

11. Política de atendimento da empresa.

12. Serviços de atendimento ao cliente, próprio ou do fabricante.

13. Sistemas transacionais, incluindo controle de estoque interno e externo.

14. Sistemas de gerenciamento de relacionamento com clientes.

15. Sistemas de pagamento.

16. Sistemas de comunicação com transportadoras.

17. Meios de comunicação rápida com fornecedores, sejam fabricantes, distribuidores ou armazéns próprios.

18. Meios de comunicação rápida com o departamento financeiro, crédito e cobrança.

Os profissionais de atendimento devem ser treinados para reconhecer e utilizar corretamente todas essas possíveis fontes de consulta e saber como acessá-las com agilidade para fornecer respostas rápidas aos clientes. É relevante também que os atendentes tenham acesso rápido aos sistemas, meios de comunicação, pessoas e que também tenham autonomia para realizar as consultas sem procedimentos internos que resultem em burocracia e demora na solução dos problemas dos clientes.

QUESTÕES PARA REFLEXÃO

O que é mais importante: atender às exigências operacionais da logística interna, à burocracia, às regras engessadas ou às necessidades dos clientes? Por quais razões você acredita que muitos negócios têm regras rígidas que não podem ser quebradas, mesmo que isso prejudique os clientes? Ser flexível a ponto de quebrar regras é uma questão de simplesmente querer ou de poder?

Como na maioria dos negócios lidamos com uma variedade grande de mercadorias, o importante é recorrer a informações sobre elas com agilidade e confiabilidade. Você acha muito trabalhoso estruturar as fontes de consulta para proporcionar acesso rápido e confiável? Como isso pode ser feito? Como treinar os colaboradores para localizar as informações sobre produtos, formas e meios de pagamento, suporte e garantia?

CAPÍTULO 6

Os benefícios de garantir os direitos do consumidor

Na sua opinião, qual é a parte mais frágil na discussão de problemas de compra e entrega? O fornecedor ou o cliente? O que precisa ser escrito num contrato de compra e venda? E se o fornecedor não cumprir com suas obrigações? O cliente levará o prejuízo? O cliente tem recursos para exigir seus direitos? Há a quem recorrer?

Neste capítulo, buscaremos reconhecer a vulnerabilidade dos clientes e identificar os principais pontos do Código de Defesa do Consumidor.

CASO DE ATENDIMENTO

Relato de um consumidor em uma feira livre.

Na época em que uma dúzia de bananas nanicas custava três reais, eu fui à feira livre e parei na barraca de bananas. Escolhi uma dúzia para consumo imediato e paguei ao feirante com uma nota de cinco reais. Ele me deu as bananas e não me deu o troco. Estranhando o fato, eu lhe disse que queria o troco.

Sem o menor escrúpulo, sem ao menos olhar diretamente para mim, ele me disse que "uma banana boa como aquela não poderia ser vendida por apenas três reais". Mas esse era o preço anunciado.

Inocentemente, eu apontei para o preço de três reais escrito em um pedaço de papel e disse a ele que deveria me dar o troco, ao que ele reagiu escrevendo cinco reais em outro pedaço de papel e substituindo o preço original.

Indignado, me lembrei que alguma lei em algum lugar dizia que ele não podia alterar um preço já visto pelo consumidor sem uma justa causa. Então, enfaticamente disse a ele que ele estava infringindo a lei e que eu podia sim levar a dúzia de bananas pelos três reais anunciados.

Ele também, enfaticamente, pegou uma grande faca que usava para cortar os cachos de banana, apontou-a para mim, e num tom ameaçador me disse: "Aqui quem faz a lei sou eu!". Percebendo o risco da situação, devolvi as bananas e ainda tive alguma coragem para pedir os cinco reais de volta. Ele os devolveu e eu fui embora, para não agravar a situação.

O CÓDIGO DE DEFESA DO CONSUMIDOR

Quando a atividade comercial for exercida sob preceitos legais ou normativos, é extremamente importante que o atendimento seja feito dentro de tais exigências. A lei que tem maior abrangência na relação com os consumidores é a Lei nº 8078/90, o Código de Defesa do Consumidor (CDC), cujo propósito é o de dispor sobre a proteção do consumidor e dar outras providências cabíveis.

Em relação ao consumidor, o CDC procura atender:

- suas necessidades;

- o respeito à sua dignidade;

- sua saúde e segurança;

- a proteção de seus interesses econômicos;

- a melhoria de sua qualidade de vida;

- a harmonia e a transparência nas relações de consumo.

De acordo com outra norma, a Lei nº 12.291 de 20/07/2010, o CDC é um documento que precisa estar disponível em lugar visível e de fácil acesso ao público para consulta em todos os estabelecimentos comerciais e de serviços.

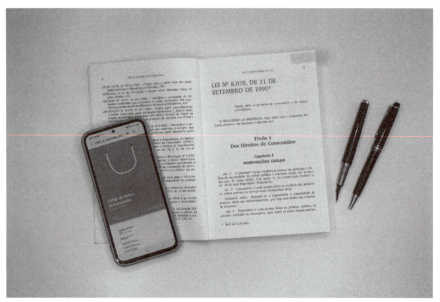

Crédito: Nelson Adriano Brazys.
Além das cópias físicas, você pode acessar o CDC facilmente pela internet.

Tenho visto o exemplar do CDC em lugar visível e disponível para consulta em muitos estabelecimentos. No entanto, o fato de estar ali apenas cumpre a lei citada, mas talvez não ajude muito se os profissionais que trabalham no estabelecimento não forem capazes de interpretar corretamente o texto, redigido em linguagem característica do direito e passível, ainda, de interpretações diferenciadas.

Da mesma forma, esse documento também deveria ser de amplo conhecimento por parte dos consumidores. É muito importante que lojistas e consumidores tenham consenso sobre a interpretação do texto do CDC, porque isso ajudará ambos em suas relações de consumo. Esse conhecimento será importante para o cliente porque, assim, ele terá amplo conhecimento dos seus direitos, o que servirá como defesa para um comportamento equivocado, abusivo ou enganoso por parte do fornecedor. Já para o fornecedor, o CDC proporcionará *amplo conhecimento dos direitos do consumidor, pautando suas atitudes em conformidade com a lei e reconhecendo a vulnerabilidade do consumidor nas relações de consumo.*

Não quero dizer aqui que os fornecedores sempre procuram tirar proveito da vulnerabilidade do consumidor, como também não quero dizer que os consumidores sempre agem de boa-fé. No entanto, os legisladores não teriam criado tal código se não existissem relações de consumo desequilibradas, nas quais o consumidor era sempre prejudicado em função de sua vulnerabilidade.

Como este não é um livro sobre direito, e sim sobre atendimento ao cliente, não vou entrar em detalhes ou questões interpretativas do código, mas vou apontar aqui o roteiro de leitura do documento, indo direto aos pontos principais para quem trabalha no comércio de varejo de produtos e serviços:

- O capítulo III, que trata dos direitos básicos do consumidor, pode ser o ponto de partida da leitura ou de um estudo mais aprofundado. Ele começa no artigo 6º, que trata dos direitos básicos do consumidor.

- O capítulo IV trata da qualidade dos produtos e serviços ofertados e os correlaciona com a proteção, a saúde e a segurança do consumidor.

- O Capítulo V trata das práticas comerciais, enfatizando a oferta de produtos e serviços com informações claras e precisas. Trata também da publicidade, diferenciando a publicidade enganosa da publicidade abusiva, além de falar das práticas abusivas no comércio. Esse último ponto é um dos que merecem maior atenção quando o nosso foco é melhorar a qualidade do atendimento que oferecemos aos nossos clientes.

- Para os prestadores de serviços, principalmente aqueles que utilizam contratos escritos, o capítulo VI traz importantes orientações sobre a proteção contratual do consumidor e sobre as cláusulas abusivas que não devem estar presentes nos contratos, sejam eles redigidos em conjunto pelo fornecedor e o cliente ou sejam contratos por adesão, redigidos unicamente pelo fornecedor e que são entregues aos consumidores apenas para serem lidos e assinados, sem a possibilidade de se discordar de qualquer cláusula.

Depois de um estudo desses capítulos, caso a interpretação do texto ainda deixe dúvidas, a compreensão ainda pode ser aprofundada por meio da consulta a inúmeros textos disponíveis em sites que interpretam cláusulas específicas ou que já tratam da jurisprudência estabelecida até o momento.

Ao iniciar seu trabalho em um estabelecimento, procure conhecer, além do que legisla o CDC, quais são as outras leis nacionais, estaduais ou municipais, normas, regulamentos, bem como o código interno de ética ali praticado, para poder realizar seu trabalho de atendimento com excelência.

IMPORTANTE

O que mais é preciso conhecer e respeitar? Apresentamos em seguida algumas leis e normas fundamentais para o bom funcionamento do seu empreendimento.

Lei do E-Commerce (Decreto Federal nº 7.962/2013) – para os que, além do ponto de venda físico, também vendem por meio do comércio eletrônico, ou somente pelo comércio eletrônico.

Lei Geral de Proteção de Dados (Lei nº 13.709/2018) – regula a coleta e justificativa para armazenar e utilizar dados de clientes.

Legislação ANVISA, Agência Nacional de Vigilância Sanitária. São regulamentações técnicas que definem práticas e padrões de qualidade para produtos e serviços prestados por estabelecimentos regulados pela ANVISA.

Outras agências reguladoras que tenham conexão com seu ramo de negócio:

ANATEL: Telecomunicações.

ANS: Saúde suplementar.

ANAC: Aviação civil.

ANTT: Transportes terrestres.

Outras instituições que não são agências reguladoras, mas regulam atividades de seus setores:

BACEN / BCB: Atividade bancária.

SUSEP: Atividade securitária.

Não existe aqui o propósito de expor uma lista completa, mas podemos incluir também as normas específicas de determinados setores e a norma NBR 9050 ABNT, cujo escopo é o de "estabelecer critérios e parâmetros técnicos a serem observados quanto ao projeto, construção, instalação e adaptação do meio urbano e rural, e de edificações às condições de acessibilidade". Essa norma "visa proporcionar a utilização de maneira autônoma, independente e segura do ambiente, edificações, mobiliário, equipamentos urbanos e elementos à maior quantidade possível de pessoas, independentemente de idade, estatura ou limitação de mobilidade ou percepção" (ABNT, 2015).

Finalmente, é preciso ter atenção aos códigos de ética, que são os regulamentos internos de cada estabelecimento e que regem a conduta de seus integrantes em relação ao que pode e deve ser feito e ao que não pode e nem deve ser feito. Estabelecimentos menores dificilmente possuem códigos de ética impressos, divulgados oficialmente. Muitos deles possuem um código informal, transmitido oralmente e apenas quando necessário. Mas, mesmo assim, ele precisa ser conhecido e respeitado.

O cliente que vê seus direitos e interesses respeitados, que percebe uma empresa preocupada em atuar sempre dentro das exigências legais, normas de operação e comportamentos éticos, certamente criará uma conexão de simpatia, fidelidade e engajamento, fazendo ele mesmo o marketing boca a boca que beneficiará o negócio.

QUESTÕES PARA REFLEXÃO

Como consumidor, o quanto você já está familiarizado com seus direitos, conforme registrados no Código de Defesa do Consumidor? Como atendente, o quanto você já está familiarizado com o mesmo código? Você já se deparou com situações nas quais a versão impressa do CDC foi requerida por um consumidor? Por qual razão você imagina que grande parte dos consumidores e mesmo de atendentes desconhece as leis que protegem os consumidores?

CAPÍTULO 7

Entrando na mente do consumidor

O que você faz para tomar suas decisões de compra? O que você compra automaticamente sem pensar muito? E que tipo de compra leva você a fazer muitas pesquisas em sites de fabricantes e de lojas, em lojas físicas, em sites de reclamação ou junto a pessoas conhecidas? Quais tipos de compras você acha que são arriscadas?

Buscaremos, neste capítulo, identificar as motivações que levam o consumidor a comprar e a forma pela qual, ao longo de sua jornada, etapa por etapa, ele toma suas decisões.

CASO DE ATENDIMENTO

Relato próprio.

Insatisfeito com o meu atual aparelho celular, pensei que, numa compra futura, eu poderia escolher um que tivesse uma boa câmera fotográfica.

Para não correr o risco de esperar meu aparelho ficar impossível de ser utilizado e só então adquirir um novo, às pressas, e acabar comprando errado, decidi iniciar uma pesquisa sobre quais aparelhos tinham as melhores câmeras.

Em um shopping, entrei em uma loja de celulares e deixei bem claro que estava apenas pesquisando para uma futura aquisição, que não iria efetivar a compra naquele momento, mas que precisava de ajuda para saber quais aparelhos me serviriam para obter boas fotos.

O vendedor me mostrou alguns aparelhos e eu pude testá-los ali mesmo. Era só isso que eu precisava; no entanto, o vendedor iniciou uma abordagem de venda para que eu aproveitasse que já estava ali e fizesse a compra imediatamente. Ele insistiu tentando me convencer e desconsiderando o fato de que eu havia deixado bem claro que só estava buscando informações, pois não pretendia comprar naquele momento. O vendedor ofereceu desconto sem que eu pedisse, mas disse que só poderia dar o desconto até aquele mesmo dia; argumentou que um dos modelos que ele estava tentando me vender era o último do estoque; comentou comigo que aquele modelo era tão bom que havia sido vendido recentemente em grande quantidade para uma grande empresa. Usou várias estratégias de persuasão para forçar a venda.

O que fiz? Agradeci educadamente e fui embora. Como sempre frequento o mesmo shopping, quando passo em frente àquela loja me vem à memória a experiência ruim que tive, o que faz com que eu a risque das minhas futuras opções de compra.

A JORNADA DE COMPRA

Existe um processo pelo qual nós, como consumidores, passamos quando compramos algo. Um processo que envolve aspectos emocionais e racionais, com etapas anteriores, durante e depois da compra. E um atendente pode ajudar muito se compreender em qual etapa da jornada seu cliente está quando se comunica com ele. Para tal compreensão, precisamos conhecer as etapas que compõem a chamada jornada de compra do consumidor (ou do cliente, tanto faz).

Existe uma situação na qual o cliente não identifica nenhuma necessidade de adquirir algum tipo de produto ou serviço. Nesse contexto de inexistência de necessidade ou desejo, ele não se moverá para comprar. Isso ocorre diariamente conosco. Um infindável número de produtos existe à venda agora mesmo, mas nós não sentimos a necessidade de tê-los.

Por isso existe a propaganda, com o propósito de atrair nossa atenção para tais produtos e, quem sabe, começarmos a considerar a possibilidade de sua aquisição.

Como consumidores, somos movidos a comprar em função de necessidades, de solução de problemas, de desejos, de realização de sonhos, mas também pelos estímulos externos que nos levam a desejar algo que talvez nem passasse pela nossa mente ou coração adquirir.

Há outros momentos nos quais sentimos a necessidade de um produto qualquer, mas, antes da percepção clara, podem acontecer situações nas quais uma necessidade se mostra no futuro, não no presente, pois, ainda que exista, não precisa ser suprida imediatamente. Ela já se manifestou, mas ainda está latente em nossa mente – por exemplo, uma xícara que está trincada vai quebrar em algum momento e será necessário comprar outra, mas, por enquanto, ainda é possível usá-la; ou aquele smartphone antigo, cuja bateria não dura muito e a tela vive travando, mas que ainda funciona e atende às necessidades.

Eu poderia citar mais exemplos, mas esses são suficientes para mostrar o que chamamos de necessidades latentes, escondidas, aquelas que vamos "empurrando com a barriga" e não realizamos a substituição por um produto novo porque ainda não nos afetam de forma significativa ou urgente.

Depois de identificarmos a ausência de necessidade, ou necessidades latentes, finalmente chegamos nas necessidades claramente percebidas ou ativas. É a situação mais óbvia, mais corriqueira, quando o cliente tem claramente identificado que ele precisa suprir imediatamente alguma necessidade ou desejo, como uma roupa nova para uma festa já no próximo fim de semana, os ingredientes para um jantar especial na mesma noite ou um par de tênis para começar hoje mesmo os treinos na academia. Essas são necessidades que ativam rapidamente o processo de compra que conduz o cliente a um ponto de venda em busca de atendimento.

Precisamos saber das diferenças entre esses três momentos pelos quais o consumidor passa porque o atendimento, para ser bem-feito, exigirá que o atendente identifique o tipo de necessidade do cliente para *ajudá-lo em seu processo de compra sem avançar etapas, sem tentar forçar uma venda precipitadamente em uma ocasião na qual o cliente ainda não está pronto para comprar.*

Influências no processo de decisão de compra

Em primeiro lugar, o processo de decisão de compra recebe influências de dois fatores: o quanto o consumidor está diretamente envolvido na tomada de decisão e quanto risco está presente na possível compra. O envolvimento do consumidor tem a ver com o quanto ele, diretamente, se vê responsável pela aquisição, considerando suas ações, sua satisfação, sua insegurança, seu grau de informação a respeito da aquisição e outros elementos.

Existem aquisições que não apresentam riscos, como fazer uma compra habitual de reposição. Outras aquisições já podem representar um risco muito grande, como a contratação de serviços que o consumidor nunca teve experiência anterior em contratar, que têm preços elevados e que representam promessas que precisarão ser cumpridas à risca – por exemplo, a contratação de planos de saúde ou de uma empreiteira para realizar obras de reforma em uma residência.

Atualmente, o envolvimento do consumidor no processo de decisão de compra pode ser tão grande que ele chega ao vendedor sabendo tudo sobre o que deseja, até mais do que o vendedor. Em outras situações, o desconhecimento do cliente sobre o que deseja adquirir é tão grande que sua insegurança e a percepção de risco podem fazer com que se comporte extremamente desconfiado de quem o atende.

Tipos de processos de decisão de compra

São três: o habitual, o afetivo e o racional. O habitual é o processo de tomada de decisão sobre compras rotineiras, que não requerem avaliações. Por exemplo, a compra de reposição que se faz em supermercados, quando já há produtos e marcas eleitos pelo consumidor. O comportamento é automático e inconsciente. Já o afetivo é aquele no qual a decisão de compra é motivada por um impulso emocional em reação à propaganda, ao produto, ao serviço ou ao relacionamento com o vendedor. Por fim, o racional é o processo de maior complexidade, com etapas logicamente ordenadas.

PROCESSO RACIONAL DE DECISÃO DE COMPRA

O processo racional tem uma participação maior do consumidor, envolve busca de informações, comparações, análises, escolha de tipo de solução para seus problemas, escolha de produtos ou serviços, escolha de fornecedor e termina com os sentimentos após a compra. São cinco as etapas do processo racional:

1. O reconhecimento da existência de um problema que precisa ser resolvido.

2. A busca por informações sobre como solucionar o problema.

3. Avaliação das possíveis soluções encontradas.

4. A escolha do produto, serviço e fornecedor que resolve o problema.

5. A avaliação do resultado após a compra.

O reconhecimento de um problema

Diversos fatores levam o consumidor a notar que existe uma questão a ser resolvida: a quebra, a perda ou o mau funcionamento de algum bem; situações inesperadas; novas circunstâncias na vida; contato com novas tecnologias; propaganda; desejo de acompanhar o grupo de referência; sonhos de consumo; e aspirações do consumidor são exemplos de situações que causam essa compreensão.

Essa fase de reconhecimento do problema ocorre na mente do consumidor. É percebida pelas suas próprias racionalizações, emoções, observações e sentimentos. No entanto, o cliente pode despertar para uma necessidade que ainda não tinha consciência por meio da comunicação com um atendente. São necessidades que o consumidor tem, mas não sabe, e o bom atendente as investiga durante uma conversa, as descobre e chama a atenção do consumidor para resolvê-las.

Busca de informações

A fase seguinte é a de busca de informações e será mais ou menos intensa de acordo com o envolvimento do consumidor. A intensidade dessa busca aumenta se o produto ou serviço for caro, se for tecnicamente complexo, se a compra for importante, se houver mais tempo para realizar a busca, se houver excesso de opções sem a certeza de qual seja a melhor e quando as opções disponíveis forem muito diferentes entre si.

Imagine um consumidor sem conhecimento do assunto, com orçamento limitado, que precisa executar um revestimento de impermeabilização em uma laje exposta a chuvas. Existem muitas possibilidades e tecnologias diferentes. Os produtos e a prestação do serviço são caros. O trabalho é tecnicamente complexo e importante para o consumidor. Se a impermeabilização for mal feita e com uso de produtos errados, as consequências serão drásticas: o problema continuará e o dinheiro investido estará perdido. Por essas razões, a intensidade da busca de informações realmente deverá ser maior.

Em relação às fontes de informações, há duas: as memórias internas do consumidor e as fontes externas. A fonte interna, as memórias, depende de experiências anteriores. O cliente buscará as marcas de produtos já conhecidas, as tradicionais "Top of mind", e também as marcas não tradicionais, mas que já foram vistas anteriormente em pontos de venda (PDV) ou oferecidas no passado por vendedores. Também poderão ser resgatados da memória os sentimentos em relação a experiências anteriores com produtos e serviços similares.

As fontes externas são aquelas que o consumidor irá consultar na fase da busca. Existem fontes pessoais, como a família, amigos e colegas. Além dessas, há fontes comerciais, como a propaganda e o contato com vendedores. Há também as fontes públicas, como artigos divulgados pela mídia em geral ou especializada, fóruns de internet, websites com informações dos fabricantes, websites em que é possível pesquisar, comparar e avaliar produtos e serviços e identificar avaliações de outros usuários por meio dos comentários gerais, elogios ou reclamações – além, é claro, dos sites especializados em reclamações. Existem também as fontes experimentais, como a possibilidade de manuseio, *test drive*, amostras grátis e degustações.

A degustação é uma forma interessante de fazer com que o cliente conheça um determinado produto e sinta-se impelido a comprá-lo.

Avaliação de alternativas

Uma vez que a busca tenha terminado, chega o momento de avaliar as alternativas possíveis para a solução do problema. Tomando novamente o exemplo do consumidor que necessita providenciar a impermeabilização de sua laje, será necessário avaliar, entre as possibilidades de execução do serviço e de uso de materiais, qual delas tecnicamente trará o melhor benefício. Para tanto, estarão em julgamento as tecnologias existentes em materiais, técnicas de aplicação, durabilidade, vantagens e desvantagens de cada alternativa e os benefícios de uso tanto do processo de aplicação quanto do uso do local após a obra ter sido finalizada. Além disso, também serão avaliados os ganhos adicionais, como a possibilidade ou não de circular na área, os impactos no isolamento térmico e outros aspectos colaterais.

Escolha do produto ou serviço

Uma vez definida a alternativa de solução para o problema, passamos então para a fase de escolha de produto ou serviço, de marca e de fornecedor. Para tanto, existem dois caminhos: o modelo compensatório e o modelo não compensatório.

O compensatório é aquele no qual todos os aspectos considerados para a solução do problema são positivos, ou então em que os aspectos negativos dos produtos podem ser compensados pelos aspectos positivos.

O modelo não compensatório é aquele no qual os aspectos dos produtos que não atendem às expectativas para a solução do problema fazem o consumidor desistir daquele item, marca ou fornecedor.

Considerando esses dois modelos, o compensatório é o caminho para se escolher um produto para a solução do problema. Já o modelo não compensatório é o caminho utilizado para descartar as alternativas que não resolvem tão bem o problema.

Avaliação pós-compra

É a etapa na qual o consumidor avalia sua experiência de compra. Os pontos a serem considerados nessa etapa são os seguintes: a consonância ou dissonância pós-compra; o grau de satisfação ou de insatisfação; e a repercussão boca a boca.

A consonância pós-compra ocorre quando o resultado real da compra coincide com o resultado esperado. O consumidor terá satisfação, se sentirá seguro de sua escolha e tenderá a reforçar o comportamento que o levou ao sucesso na solução.

A dissonância é a inconsistência entre o resultado esperado e o resultado real, que ocorre quando o consumidor se depara com a escolha errada. A reação do consumidor pode ser: o reconhecimento de que errou em sua compra ou a dissonância cognitiva.

Se reconhece o erro, talvez seja possível corrigir por meio de uma devolução, de uma troca ou algum tipo de negociação com o fornecedor. Dessa negociação virá a satisfação, caso o fornecedor se disponha a ajudar, ou a frustração, em caso contrário.

A dissonância cognitiva também se caracteriza pela percepção do consumidor de ter feito uma escolha errada. Porém, aqui, seu comportamento pode ser: encontrar aspectos positivos que sejam maiores do que a dissonância; não dar tanta importância à dissonância; modificar sua crença inicial que gerou a dissonância, anulando-a.

Imaginemos um consumidor que sempre considerou comprar produtos de melhor qualidade, que geralmente são mais caros, por entender que a qualidade é o que garante os melhores resultados. Essa pessoa sempre acreditou que qualidade realmente custa mais caro. Esse mesmo consumidor, que também era um pequeno empreendedor, precisou tirar fotos de seus produtos para divulgá-los nas redes sociais. Buscou informações sobre como poderia fazer isso e, na fase de avaliação de alternativas, entendeu que não precisaria de uma câmera fotográfica profissional, mas poderia fotografar com um celular que tivesse uma boa câmera. Entre as opções disponíveis, escolheu o produto, o fornecedor e foi efetivar a compra. Na loja, o vendedor lhe convenceu a mudar de ideia sobre o modelo e marca de celular, oferecendo uma marca nova e pouco conhecida que, segundo ele, tinha excelentes recursos para fotografar e custava a metade do preço. Aquela marca e modelo não fizeram parte da busca de informações e análise de alternativas, mas ele ficou tentado e aceitou a oferta do vendedor, efetivando a compra.

Quando foi utilizar o celular para fotografar, descobriu que não conseguia obter boas fotos, pois a câmera não dispunha dos recursos dos quais necessitava. Não podia devolver o produto, nem o trocar, porque a compra foi presencial. Nesse momento, veio a dissonância pós-compra. Ele havia comprado em desacordo com sua crença e o resultado foi ruim.

Quais os possíveis comportamentos decorrentes?

1. Encontrar aspectos positivos que sejam maiores do que a dissonância.

   ☐ "A câmera não é o que eu esperava, mas o celular tem outros recursos muito bons, um processador rápido, boas capacidades de memória interna e de armazenamento e ainda posso dar um bom destino ao dinheiro que economizei".

2. Não dar tanta importância à dissonância como deu anteriormente.

   ☐ "Não faz mal que a câmera não seja boa como eu queria, eu estava exagerando na minha exigência, afinal, fotos para redes sociais não precisam de tanta qualidade.

3. Modificar sua crença inicial que gerou a dissonância, anulando-a.

   ☐ A crença inicial do consumidor era a de que "Qualidade realmente custa mais caro. Se um produto similar aos de qualidade comprovada custa menos, certamente sua qualidade é inferior". Após a experiência malsucedida e a dissonância, o consumidor pode modificar sua crença para "Não é preciso sempre optar pela melhor qualidade e pagar um preço maior por isso. Existem também produtos com preços menores que têm igualmente qualidade superior. Preço alto não é sinônimo de qualidade". Dessa forma o consumidor elimina a dissonância entre o que crê e o ato que praticou. E se sente melhor.

QUESTÕES PARA REFLEXÃO

Você acredita que um atendente pode ajudar melhor seus clientes a comprar se ele compreender as etapas da jornada de compra do cliente? Caso identifique em qual etapa da jornada seu cliente está, prestará um melhor serviço de atendimento? Como é possível contribuir para que os clientes fiquem satisfeitos na fase pós-compra em vez de experimentarem uma dissonância cognitiva?

CAPÍTULO 8

O passo a passo para atender bem sempre

Você acredita que não há segredo no atendimento e, por isso, ele pode ser improvisado? Ou você pensa que deve existir uma ordem exata na qual cada cliente seja atendido? Caso você pense que deve haver um passo a passo, como seria?

Neste capítulo, vamos tratar das quatro etapas do atendimento e identificar o que deve ser feito em cada uma delas.

CASO DE ATENDIMENTO

Relato de um consumidor sem experiência no uso dos produtos que procurava.

Entrei em uma loja de materiais de construção e esperei que algum atendente ficasse livre. Quando ouvi um deles gritar "próximo!", fui até ele, que apenas me olhou, mas não disse nenhuma palavra. Tomei a iniciativa e disse que queria uma determinada lata de tinta e um pincel apropriado.

Ele me trouxe a lata e o pincel, consultou a lista de preços e preencheu um papel para que eu me dirigisse ao caixa. Disse apenas "pague no caixa e depois pegue a tinta comigo". E já gritou novamente: "próximo!"

Paguei, voltei com o comprovante e o repassei ao atendente, que, sem me dar muita atenção, entregou minha compra enquanto atendia a outro cliente.

Saí da loja sem ter certeza se tinha comprado certo e se aquela tinta era boa, uma vez que não conhecia a marca. E achei aquele pincel de baixa qualidade, mas o atendente não me deu a atenção necessária e nem a oportunidade de explicar exatamente para o que queria aqueles produtos. Você acha que eu tenho a intenção de voltar lá para comprar algo que precise, uma vez que lojas semelhantes a essa existem em abundância na região?

ETAPAS DO PROCESSO DE ATENDIMENTO

Um processo é uma forma de se fazer alguma coisa. Uma das características de um processo é que ele tem começo, meio e fim. Além disso, também se aplica repetidamente e acontece da mesma forma sempre que reinicia. O processo de atendimento face a face, como tradicionalmente conhecido, tem quatro etapas:

1. A recepção do cliente.

2. A compreensão de suas expectativas.

3. As providências para atender a essas expectativas.

4. A despedida.

A etapa de recepção do cliente

Algumas pessoas dizem: "Quero somente entrar, pegar o que preciso, pagar no caixa, e sair". Outras dizem: "Detesto quando o vendedor chega perto e pergunta – posso ajudar?". Muitas pessoas que rejeitam o contato com atendentes passaram por más experiências, como um atendente forçando a venda de algum produto, por exemplo. Essa é uma atitude ruim e nos afasta ao invés de nos atrair ou nos encantar.

Mas, voltando à questão da clássica pergunta: "Posso ajudar?", poderíamos dizer que é uma forma de recepção. Não é a mais adequada, mas é uma forma de sinalizar para o cliente que o atendente está ali, presente, à disposição para ajudá-lo. O problema ocorre quando depois do "Posso ajudar?" vem a insistência para que a pessoa compre. Políticas internas não saudáveis podem obrigar os atendentes a não deixar nenhum cliente ir embora sem comprar alguma coisa. Se essa for a orientação da direção da loja, o interesse não é o de atender bem, mas de vender, mesmo contra a vontade dos clientes.

É natural que as pessoas tenham o desejo de, além de olhar as vitrines, circular livremente pela loja, investigando um pouco mais as ofertas disponíveis, olhando, tocando os produtos, fazendo comparações e avaliando se o preço corresponde à qualidade e se é adequado às suas possibilidades de pagamento. Em geral, desejam realizar essa busca sozinhas, sem serem incomodadas. Porém, enquanto o consumidor em sua jornada de compra ainda está na fase de busca de informações, o vendedor atravessa o sinal e procura induzi-lo a comprar, usando argumentações persuasivas. *Pessoas que passam por experiências como essas, invasivas e forçadas, adquirem resistência aos vendedores.*

Se elas tivessem a certeza de que se sentiriam à vontade sem serem abordadas, adentrariam a loja, gastariam um tempo considerável examinando as mercadorias e até tomariam a iniciativa de chamar um vendedor para ajudá-las.

Namorar vitrines, visitar lojas, observar mercadorias, pegá-las, examiná-las, cheirá-las, imaginar-se na posse delas, avaliar a possibilidade da compra, tudo isso faz parte de experiências agradáveis que muitas pessoas gostam de ter. Nos shoppings centers as pessoas buscam um cinema, uma refeição, algum outro tipo de entretenimento disponível e, com certeza, observam vitrines e entram em lojas simplesmente como parte do passeio e, em muitos casos, acabam comprando mercadorias.

Abordagens incômodas para os clientes, uma vez feitas prematuramente, interrompem uma experiência que poderia ser agradável se continuasse sendo conduzida naturalmente, organicamente, pelo próprio cliente.

O atendente deve estar sempre disponível para ajudar o cliente, mas sem forçar essa interação.

ALTERNATIVAS PARA RECEPCIONAR O CLIENTE

Que tal dizer ao cliente alguma coisa como: "Olá, eu sou o João, ou então, eu sou a Maria, não pretendo lhe incomodar, fique à vontade. Caso você precise de alguma coisa, eu ou um de meus colegas do atendimento estamos à disposição para tirar qualquer dúvida ou ajudá-lo com qualquer informação. Basta chamar um de nós. Obrigado e aproveite a visita em nossa loja".

Olhar para o cliente e acenar com a cabeça ou com a mão, mantendo um sorriso no rosto. Apenas para indicar que você o viu. Você pode acrescentar também um "bom dia"," boa tarde" ou "boa noite".

Em situações nas quais o cliente entre na loja e pareça estar procurando alguém para o atender, querendo o contato, mas todos os atendentes estão ocupados, basta acenar com a cabeça, sorrir, talvez algum sinal com as mãos, indicando que assim que terminar de atender o cliente atual você já vai atendê-lo. Se preferir, peça gentilmente que o cliente o aguarde e dê a ele a exata previsão de tempo de espera. Evite usar a expressão "aguarde só um pouquinho" se você sabe que ainda vai demorar para terminar o atendimento atual.

Um exemplo de quando uma atendente recebe a cliente para atendê-la: "Olá, boa tarde, meu nome é Aline, e o seu?"; a cliente responde "Larissa" e a atendente continua: "Bem-vinda à... (cita o nome da loja), Larissa, me diga o que você precisa e eu vou ajudar".

A etapa da compreensão das expectativas do cliente

Uma vez que o cliente tenha sido bem recepcionado e se sinta à vontade, cabe agora ao atendente compreender quais são as suas necessidades. Este é o momento de escutar o cliente para, então, atendê-lo de acordo com suas expectativas. Mas como se faz, na prática, a identificação das expectativas do cliente? A resposta é: basta ouvi-lo com atenção, certificar-se de que o entendeu corretamente, e pronto. Parece simples, mas nem sempre é.

Pode ser que a dificuldade de compreensão do que o cliente fala esteja no fato de que ele não sabe se expressar com objetividade. Isso pode ocorrer em decorrência de uma fala acelerada, com palavras truncadas, ou fortemente acentuadas por um sotaque, ou ainda pelo fato de que o cliente esteja contextualizado com o problema que quer resolver, enquanto o atendente não está. É a situação na qual o cliente relata somente parte da informação que precisa ser transmitida, como se o atendente fosse capaz de ler seus pensamentos para completar aquilo que ele deixou de falar.

Por essas razões, deve haver um esforço adicional por parte do atendente, no sentido de se certificar se entendeu corretamente a fala do cliente. Quanto melhor for a compreensão, maior será a possibilidade de acertar na entrega do produto, serviço ou solução ao cliente. Escutar clientes com atenção em uma conversa pode parecer uma ação simples, que não precisa ser aprendida, mas requer disciplina. Nossa cultura exalta os bons falantes, mas ignora os bons ouvintes.

Os erros mais comuns na escuta

- Escuta contaminada

  - Valores, princípios, experiências, educação e visão de mundo funcionam como filtros que utilizamos para julgar as pessoas que interagem conosco. Será difícil compreendê-las se não formos capazes de nos colocar no lugar delas sem os nossos filtros de percepção de mundo. Quando julgamos as pessoas em função da maneira como aparentam, falam, ou em função de raça, orientação sexual, idade, status social ou afiliação a grupos, não somos capazes de compreender suas expectativas de compra, porque, em nossa "conversa interior", estamos preocupados em julgá-las, e não em ouvi-las.

- Pensamento focado na resposta a ser dada

- Enquanto o cliente fala, nós não o estamos ouvindo, mas pensando na resposta que vamos dar. Assim, perdemos o que o cliente está dizendo. Isso é uma espécie de ensaio em pensamento sobre o que pretendemos falar em seguida, para nos dar segurança. No entanto, basta que estejamos seguros com o conhecimento sobre o que vendemos para que não seja preciso ensaiar mentalmente nossa resposta ao cliente.

- A posse da verdade

  - Nossas experiências positivas e negativas podem nos levar a construir um conjunto de verdades próprias, que validam ou invalidam o que o cliente nos diz. Isso pode fazer com que venhamos a fingir que estamos ouvindo com atenção, enquanto na verdade estamos apenas esperando que ele termine de falar para entregar a nossa resposta pronta. Mesmo que tenhamos certeza de que estamos certos e o cliente errado, é preciso ouvi-lo, para compreender seu ponto de vista e por respeito.

- Interrupção

  - Interromper pelo desejo de também falar, de ter nossa opinião ouvida, de modo a atrapalhar a fala do cliente e bloqueá-lo, não é nada produtivo. Mas se o cliente fala demais e não temos tempo disponível para continuar ouvindo, a interrupção pode ser feita, para redirecionar a conversa ou para checar se o estamos entendendo.

- Falta de atenção

  - Ocorre se estivermos preocupados com outras coisas, com nossos problemas, algo que nos incomoda, o que vamos fazer quando o expediente terminar, etc. Deve ser evitada.

Por que é preciso fazer uma boa escuta?

A escuta é a etapa do processo na qual se identifica o que o cliente deseja. Quando lidamos com produtos ou serviços complexos, que apresentam muitas informações que o cliente não domina, torna-se necessário compreender cuidadosamente o que ele deseja para que o produto ou serviço correto seja oferecido.

Há situações em que as dúvidas do cliente não estão relacionadas ao produto, mas à forma de pagamento ou de entrega, às garantias, à possibilidade de troca, ao suporte técnico, etc. A venda bem-feita também requer que o vendedor atenda ou supere as expectativas dos clientes. Para tanto, é preciso fazer uma sondagem adequada, a fim de eliminar quaisquer dúvidas por parte do atendente sobre as expectativas dos clientes.

Quais seriam as recomendações para se compreender as expectativas dos clientes com uma boa escuta? Em primeiro lugar, evitar cometer os erros mencionados anteriormente. Ao driblar esses deslizes, provavelmente o cliente terá uma boa impressão do atendente, pensando que ele o ouve e o respeita, e dará atenção às suas argumentações.

Sugestões para uma boa escuta

1. Manter uma postura agradável e uma expressão facial simpática.

2. Olhar nos olhos do cliente, mostrando interesse em ouvi-lo.

3. Demonstrar que sua prioridade é prestar um bom atendimento.

4. Fazer perguntas para conduzir a comunicação, pois quem faz as perguntas é quem detém o controle e direciona o que o outro irá dizer.

5. Fazer perguntas abertas, para ter uma compreensão geral das expectativas do cliente. Perguntas abertas são aquelas que o induzem a falar de maneira casual e livre.

6. Fazer perguntas fechadas para eliminar dúvidas. Perguntas fechadas são aquelas que só permitem três respostas: sim, não e não sei (ou algo similar).

7. Evitar induzir as respostas, não contaminando a fala do cliente.

8. Compreender claramente porque o cliente deseja o produto ou serviço, se está comprando para si mesmo, a pedido de outra pessoa ou para presentear.

9. Saber como o produto ou serviço será utilizado e em quais situações.

10. Compreender o benefício esperado do produto ou serviço.

11. Identificar o que é essencial, separando daquilo que é supérfluo.

12. Descobrir o que é negociável e o que é inegociável.

13. Pensar em soluções, mais do que em produtos ou serviços específicos.

14. Praticar a empatia, identificando como ele quer ser compreendido e ajudado.

15. Quando não entender algo, afirmar ao cliente que precisa entender melhor.

16. Repetir aquilo que entendeu sobre as expectativas do cliente e pedir para que ele confirme ou não se você as compreendeu corretamente.

A etapa das providências do atendimento

Com a compreensão das expectativas dos clientes, a fase seguinte é caracterizada pela entrega do que o cliente solicitou. Isso depende da complexidade do pedido e pode ser:

1. Uma informação ou orientação.

2. Anotação de uma encomenda.

3. Um produto que é simplesmente retirado de seu local e entregue ao cliente.

4. Opções diversas de produtos que solucionam o problema do consumidor, com exposição ou demonstração de como funcionam, para que ele escolha entre as opções oferecidas.

5. Uma solução direcionada à necessidade do cliente, com um serviço de consultoria.

6. Uma prestação de serviço realizada pelo próprio atendente.

7. Uma prestação de serviço realizada pela equipe de retaguarda.

As possibilidades para ajudar o cliente são muitas e dependem da complexidade da solução, mas todas podem ser apresentadas dentro de elevados padrões de excelência. Além da entrega propriamente dita do produto ou serviço dentro das expectativas do cliente, pode-se também praticar o "overdelivering", isto é, a entrega de algo além do solicitado. Entregar algo além do esperado, agregar valor, representa encantamento e enriquecimento da experiência do cliente. E esse enriquecimento não necessariamente precisa significar aumento dos custos de atendimento, com maior desembolso de dinheiro. Educação, atenção, cordialidade e gentileza são gestos que denotarão seu cuidado para com os clientes.

O que dizer ao cliente nesta etapa?

Falar sobre como os atributos dos produtos ou serviços atendem às expectativas mencionadas pelo cliente. Se a venda for de produtos relativamente comoditizados, não há muito o que fazer. Nesse caso, o cliente quer ser ajudado apenas para localizar o produto e obter informações simples. Ao ser ajudado pelo atendente, o cliente pode optar entre duas ou três marcas, pode decidir pelo preço ou até pela aparência do produto ou da embalagem, agradecer ao vendedor e passar no caixa. Ainda que seja um relacionamento curto e simples, sempre é importante que o atendente tenha um mínimo de informações a respeito dos produtos para responder às dúvidas que possam surgir.

Já nos casos da oferta de produtos mais complexos, consideramos os seguintes passos:

1. Falar sobre as características físicas do produto.

2. Explicar quais são os benefícios que essas características proporcionarão.

3. Explicar características e benefícios exclusivos e especiais, se existirem.

4. Falar sobre como o produto atenderá às expectativas do cliente.

5. Apresentar dados de desempenho.

6. Explicar e, se necessário, demonstrar como o produto funciona.

7. Dizer e/ou mostrar o que outros compradores falaram do produto.

8. Informar sobre a saída do produto, o volume de vendas, se isso ajudar.

9. Falar sobre a qualidade e a reputação da marca, se ela tiver boa reputação.

10. Falar sobre o pós-venda (troca, garantia, assistência técnica, suporte).

11. Falar sobre as facilidades de pagamento.

Para evitar deslizes, o que o vendedor não deve dizer na apresentação do produto?

1. Falar mal ou colocar defeito em produtos ou lojas concorrentes.

2. Dizer que o cliente está errado a respeito de informações que forneceu.

3. Falar sobre preço e formas de pagamento antes de expor o produto e seus benefícios.

4. Mentir para o cliente sobre o produto e o pós-venda (ou qualquer outra mentira).

5. Exagerar a respeito das vantagens do produto.

6. Omitir informações sobre restrições que sejam relevantes para o cliente.

A etapa da despedida

Na despedida, é preciso manter-se conectado com o cliente até que ele deixe a loja. Ainda que possa parecer uma atitude formal ou cerimonial, esse é o momento de reforçar o relacionamento e a qualidade do atendimento, de fazer com que o cliente, em visitas posteriores, mantenha a preferência. O que fazer na despedida?

1. Não ignorar o cliente após encerrar seu atendimento ou fechar a venda.
2. Agradecer ao cliente pela visita ou por ter feito a compra.
3. Demonstrar satisfação em tê-lo ajudado.
4. Convidá-lo a retornar e colocar-se à disposição.
5. Se já não estiver atendendo a outro cliente, acompanhá-lo até a porta e, se possível, carregar suas compras até a porta ou até o estacionamento, caso seja no próprio local.
6. Desejar a ele que seja feliz ao aproveitar sua compra.
7. Despedir-se cordialmente, tratando-o pelo nome.

QUESTÕES PARA REFLEXÃO

O que você pensa sobre planejar o processo de atendimento junto à equipe de atendentes? Como poderia ser feito o treinamento dos atendentes? Você entende a importância de cada etapa discutida aqui para a satisfação do cliente?

CAPÍTULO 9

Contornando dificuldades com facilidade

Lidar com pessoas é difícil? Depende da personalidade das pessoas, assim como do estado emocional em que se encontram. O que causa insatisfação nos clientes a ponto de se tornarem agressivos na relação com os atendentes? Mau atendimento? Problemas com o produto? Dificuldades na negociação? Personalidade ou estado emocional do cliente quando entrou na loja? Como cliente, você já passou por situações em que foi uma pessoa difícil de lidar?

Vamos aprender, neste capítulo, estratégias de comunicação e relacionamento que nos ajudem a lidar com clientes em diferentes estados emocionais durante o processo de atendimento.

CASO DE ATENDIMENTO

Relato de uma atendente de loja de moda e produtos infantis.

Atendi a uma cliente que, a princípio, só pretendia olhar as mercadorias. Ela puxou conversa comigo, a conversa evoluiu e, eu, sempre atenciosa, deixei que ela falasse. Ela estava em um estado emocional triste e compartilhou aspectos dos momentos pessoais pelos quais passava e que se relacionavam ao momento de fragilidade de seu casamento. Compreendi, procurei ser empática, esperei que ela desabafasse sem interferir nem ser invasiva na conversa.

Ouvi que ela tinha uma filha pequena, com quatro anos de idade, e, conforme ela me dava abertura, eu procurei direcionar o atendimento para o motivo de ela estar na loja. Mostrei a ela a nova coleção de roupas e brinquedos para crianças da idade de sua filha e evoluímos gradualmente para um processo de venda que foi bem-sucedido.

Neste dia, vendi a ela peças infantis e brinquedos que somavam R$3.000. Depois, ela voltou mais vezes e sempre me procurou para atendê-la. Os valores de suas compras sempre eram significativos. Em todos os atendimentos, eu dava atenção à necessidade que ela tinha de conversar sobre seus assuntos, mas a atendia em suas necessidades com sua filha. Com o tempo, ela se tornou uma cliente fiel.

Nunca ofereci a atenção que dava como uma estratégia para vender, mas fui empática, procurei separar as questões pessoais das suas necessidades na loja e a ajudei a comprar.

Isso foi bom para ela, que teve suas necessidades atendidas, ao mesmo tempo que foi bom para mim, que tive a satisfação de atendê-la bem e de fazer boas vendas.

FATORES QUE INFLUENCIAM O COMPORTAMENTO DE UM CLIENTE

Lidar com pessoas é realmente difícil? Ou se torna fácil se formos treinados para isso? Faz parte da rotina dos atendentes lidar com os mais diferentes tipos de personalidades e estados de ânimo das pessoas.

Embora nós, como seres humanos, tenhamos uma personalidade que norteia a maior parte de nosso comportamento inconsciente, podemos exibir diferentes comportamentos em função dos momentos pelos quais estamos passando.

Quando falamos de personalidade, estamos nos referindo a como somos. Já ao falar do estado emocional, nos referimos a como estamos nos sentindo em diferentes situações. Uma noite mal dormida, problemas pessoais e outros fatores podem afetar nosso comportamento, fazendo com que nos apresentemos de maneira diferente de quem somos. Uma pessoa pacata pode se tornar furiosa e agressiva se algum acontecimento funcionar como um gatilho emocional que a leve a esse estado, que não é o seu normal.

Clientes têm seu comportamento influenciado por diversas razões:

1. Pela própria personalidade ou temperamento.

2. Pela reação causada pelo próprio pessoal ou processo de atendimento.

3. Pelo estado emocional imediatamente antes de entrar no estabelecimento.

4. Por acontecimentos não tão recentes.

5. Pela recordação de atendimentos anteriores no mesmo local.

6. Pela reação ao ambiente.

Os itens dois ao seis se referem a situações nas quais a maneira como o cliente se comporta não necessariamente reflete sua maneira habitual de ser. Por isso, não dizemos que o cliente é desse ou de outro jeito, mas sim que ele está em um estado que influencia o atendimento de maneira positiva, neutra ou negativa. O cliente que, na primeira vez em que foi atendido, estava calmo e controlado, na segunda vez poderá não estar com o mesmo comportamento.

Toco nesse assunto porque o atendente, muitas vezes, *precisa lidar com clientes em estado emocional agressivo; no entanto essas pessoas não têm necessariamente esse tipo de comportamento como predominante em suas vidas.*

Consumidores que de alguma forma já ouviram o famoso jargão "o cliente sempre tem razão", que sabem que estão protegidos pelo Código de Defesa do Consumidor, que têm acesso fácil na internet a um amplo volume de informações sobre produtos, serviços, características, benefícios e preços são pessoas que se tornam cada vez mais exigentes. Se juntarmos a isso traços de personalidade um pouco mais difíceis de lidar, estados emocionais indesejáveis e um elevado grau de exigência, será necessário que o atendente tenha uma inteligência emocional desenvolvida, a fim de poder lidar diariamente com os mais diversos tipos de comportamentos e manter suas próprias emoções blindadas para continuar atuando com excelência, sem se deixar influenciar pelas possíveis reações inadequadas de outros.

IMPORTANTE

Inteligência emocional é um conceito apresentado pelo psicólogo Daniel Goleman no livro *Inteligência emocional: a teoria revolucionária que redefine o que é ser inteligente* (2012). Ele a define como uma capacidade que pode ser aprendida e desenvolvida e que consiste em reconhecer, entender e gerenciar nossas próprias emoções e também reconhecer, entender e influenciar as emoções dos outros.

Goleman relacionou cinco componentes que fazem parte dessa inteligência:

- Autoconsciência, para reconhecer e compreender as próprias emoções.

- Autogerenciamento, para ter o domínio do próprio comportamento.
- Automotivação, para ter atitudes positivas diante de obstáculos.
- Empatia, para compreender o outro.
- Habilidades sociais, para manter relacionamentos saudáveis e lidar com conflitos de maneira construtiva.

O desenvolvimento da inteligência emocional é essencial para que o atendente saiba lidar com clientes mais difíceis, que estejam insatisfeitos com algo e até mesmo que sejam agressivos.

COMO LIDAR COM OS COMPORTAMENTOS DOS CLIENTES

Clientes podem apresentar comportamentos passivos, agressivos, apressados, conformados, irritados, equilibrados, amadurecidos, formais, informais, bem ou mal-humorados, entre outros. E aí há questionamentos que devemos nos fazer, por exemplo: como os clientes nesses estados relacionados se comportam ao serem atendidos? Como eles se expressam? O que falam? Qual tom de voz eles usam? E como devemos agir em cada uma dessas situações, sem os rotular?

Clientes passivos

São os que se apresentam de maneira simples e humilde, que falam a partir de uma posição de inferioridade, parecendo que estão pedindo um favor. São pessoas que se colocam em uma posição inferior diante dos atendentes. Falam baixo, podem não olhar nos olhos e talvez não se expressem corretamente. Como atendê-los?

O ponto principal é que o atendente compreenda exatamente o que eles necessitam para poder fornecer o que eles buscam; no entanto, pessoas com esse comportamento precisam de conforto, segurança, apoio moral. Isso significa que o bom atendente deve se preocupar em tratar essas pessoas de modo que elas se sintam à vontade, menos constrangidas e mais seguras, mostrando algum grau de afetividade, solidariedade, compreensão e atenção redobrada, além de gentileza e um tom de voz mais baixo e amigável.

Clientes conformados

São aqueles que, ao não obterem o que desejam, demonstram conformismo, acomodação e aceitam tudo o que lhes for falado. Conformados podem ser ao mesmo tempo passivos, mas não necessariamente. O que os caracteriza é o fato de aceitarem facilmente uma resposta negativa. Por exemplo: se esse cliente chega à loja, pergunta por um determinado produto e obtém uma resposta do tipo "não temos", vira as costas e vai embora.

Talvez, no papel de atendentes, poderíamos dizer que isso é uma reação natural e que nada podemos fazer se não temos o produto que o cliente deseja. Porém, como nada é tão bom que não possa ser melhorado, veja o que é possível fazer com os tais conformados:

- Tenha e demonstre real interesse pela necessidade deles, não os abandone, converse, pergunte, busque alternativas para ajudá-los. Procure compreender qual é a real necessidade e se existe alguma outra forma de ajudá-los.

- Faça com que os clientes percebam o quanto são importantes para a sua loja.

- Procure fazer com que eles percebam o quanto você está empenhado e comprometido em ajudá-los.

Garanta que nenhum cliente saia de sua loja sem que você tenha se esforçado o suficiente para ajudá-lo a ter seu problema resolvido.

Clientes apressados

São aqueles que demonstram não ter tempo. Não querem conversar nem querem muitas explicações, mas sim ter seus problemas resolvidos e ir embora o mais rápido possível. Se a loja está cheia ou se há uma pequena fila no caixa, desistem de entrar e vão embora. Mas, se entrarem, querem ser atendidos rapidamente. Como atendê-los?

É preciso mostrar que já entendemos a sua urgência e que estamos procurando corresponder a essa expectativa. Se houver necessidade da ajuda de outras pessoas para o atendimento, é preciso que sejam acionadas rapidamente, além de comunicar a necessidade da agilidade a quem o atendimento está sendo repassado. Nada de conversa, nada de perda de tempo, nada de tentar oferecer outros produtos ou serviços.

Clientes agressivos

São aqueles que se apresentam com manifestações iradas, críticas e com tom de voz elevado. São mal-educados, podem ser desrespeitosos e talvez queiram chamar a atenção, podendo ser naturalmente hostis. Não necessariamente precisam estar irritados ou irados, mas sua agressividade, muitas vezes, é denotada pelo tom de voz elevado e a dureza de suas palavras. Como atendê-los?

O atendente precisa compreender que a agressividade deve ser filtrada e que o seu foco está na solução do problema, deixando de lado quaisquer outras considerações que o cliente vier a fazer. É preciso entender o que realmente resolverá a questão. O atendente deve manter a calma e não se deixar levar pelas palavras do cliente, caso sejam agressivas, ofensivas ou falsas.

Clientes irritados

Os irritados se apresentam emocional e temporariamente incomodados com algo que os irritou. A irritação pode ser causada por um processo ruim de atendimento, por um comportamento ou ação inadequada de quem atende ou por outros componentes do atendimento, o que inclui até outros clientes. A irritação até pode ser causada por fatores externos, pelos quais o cliente já chega irritado ao estabelecimento.

Os irritados podem ou não ter razão naquilo que pleiteiam, sejam expectativas de compra ou problemas não resolvidos. Esses clientes não necessariamente são agressivos, embora os dois comportamentos sejam muito parecidos. A maioria dos atendentes tem mais dificuldade para lidar com esse tipo de cliente, muitas vezes mordendo a isca lançada voluntária ou involuntariamente e caindo numa armadilha que só prejudica o processo de atendimento. Como proceder nesses casos?

1. Compreender a causa da irritação do cliente.

2. Caso você, atendente, tenha sido a causa da irritação, deve imediatamente reconhecer, pedir desculpas e prontificar-se a resolver o problema.

3. Não se abalar nem reagir caso o cliente direcione a irritação dele, com atitudes agressivas, a você.

4. Filtrar as palavras agressivas ou intimidadoras que contenham carga emocional e focar-se apenas em compreender e resolver o problema.

5. Ouça o cliente com atenção e demonstre interesse em ajudá-lo com palavras e expressões cordiais, como se estivesse conversando com uma pessoa amistosa.

6. Evite desculpas para justificar possíveis erros seus ou de alguém da loja.

7. Nunca critique o comportamento do cliente, não diga que ele está errado, mesmo que esteja.

8. Não diga ao cliente que ele está nervoso e nem peça a ele para que se acalme.

9. Se possível, atenda-o à parte, para que os demais clientes sejam poupados.

10. Deixe-o falar até o fim, sem interrompê-lo, pois, se você der a ele a oportunidade de descarregar o que deseja falar, fará com que ele se sinta aliviado e se acalme.

11. Caso o cliente faça perguntas provocativas incitando ainda mais o confronto, querendo saber dos "porquês" (como: por que não foi atendido com rapidez? Por que está sendo obrigado a se submeter a burocracias ou processos engessados de atendimento? Por que foi vendido a ele um produto errado? Por que o produto apresentou defeito?), evite o confronto. Se realmente o cliente tiver razão em sua queixa, é preciso reconhecer o erro e se desculpar sem necessariamente explicar por que errou ou querer atribuir a culpa a terceiros, mesmo que de fato seja de terceiros. Evite responder às perguntas provocativas, para não alimentar mais ainda o confronto.

12. Peça ao cliente uma oportunidade para ajudá-lo. Esse tipo de solicitação tem grande chance de impactar positivamente a mente e o coração do cliente.

13. Elabore uma estratégia para resolver o problema ou, pelo menos, minimizá-lo, caso não seja possível resolvê-lo.

14. Peça ajuda a quem possa ajudar, seja de sua linha de frente ou de retaguarda.

15. Procure resolver o problema imediatamente, sempre que possível.

16. Negocie com o cliente e demais envolvidos no processo de atendimento as possíveis formas de resolver o problema, estabelecendo o passo a passo, os responsáveis e os prazos.

17. Por último, peça desculpas ao cliente, mais uma vez, mostrando claramente que reconhece o transtorno causado.

Clientes agradáveis

São os que contribuem para serem bem atendidos. São educados, cordiais, gentis, simpáticos, informados, sorriem e facilitam o trabalho dos atendentes. E como devemos atendê-los?

Ao atender esse tipo de cliente, espelhe o seu comportamento no dele. Trate-o com a mesma gentileza e cordialidade, de modo que ele se sinta muito bem. Não só procure atender à necessidade apresentada; aproveite também para estabelecer uma boa relação. É interessante conversar, conhecer melhor o consumidor e dar a ele a oportunidade de contribuir com algo que possa ser importante para o negócio. Faça perguntas, peça sugestões, incentive-o a ser um defensor do empreendimento, alguém que fale bem de sua loja aos outros, em função da qualidade do atendimento recebido.

Caso esse cliente faça sugestões ou críticas, aceite-as como uma contribuição para melhorar o que você já faz. Considere fazer mudanças no atendimento em função da sugestão ou crítica e, depois, mostre ao cliente que a contribuição foi útil e que você a implementou, caso tenha oportunidade para isso.

Clientes frequentes

Os frequentes parecem que são de casa: conhecem a todos pelo nome e também são conhecidos pelo nome. Relacionam-se informalmente, brincam e têm até certo grau aceitável de intimidade. Como atendê-los?

Estreite o relacionamento, trate-os pelos seus nomes, converse com eles, ofereça pequenos agrados, como um café, uma atenção especial e/ou um pequeno brinde, e cultive esse relacionamento, para que seja duradouro. Simples assim.

QUESTÕES PARA REFLEXÃO

Como treinar-se e treinar sua equipe na habilidade de lidar com todos esses tipos de comportamentos? Avalie estudar junto à equipe algumas situações reais de atendimento que já ocorreram e nas quais vocês não se saíram bem. Se ocorresse uma situação semelhante a uma malsucedida anteriormente, como agiriam agora? O que é possível melhorar?

CAPÍTULO 10

As poderosas raízes do atendimento excelente

Boas árvores produzem bons frutos, bonitas folhagens, sombra, moradia para as aves, local de descanso para pessoas e animais. A parte visível pode ser apreciada, desfrutada, mas, sob essa boa árvore, há raízes fortes que a sustentam em meio a vendavais e tempestades, assim como também retiram das profundezas da terra a água e os nutrientes necessários para que ela continue viva. O invisível sustentando o visível, dando forças, habilitando a produção de frutos que outros poderão apreciar.

Em uma analogia da árvore com as empresas, o que representariam as raízes? O que representaria o solo? Se as raízes da árvore se escondem sob o solo, o que se esconde sob as empresas, mas tem importante papel para a produção de resultados?

Neste capítulo, vamos entender como a cultura organizacional voltada para o cliente pode fazer a diferença no atendimento e na fidelização do consumidor.

CASO DE ATENDIMENTO

Relato de uma consultora ministrando treinamento de vendas.

Certa vez, quando eu treinava corretores de seguros, perguntei à plateia quantos pares de sapatos em bom estado cada um tinha à sua disposição em casa.

Uma das respostas que obtive de uma corretora ali presente foi que ela tinha em torno de 80 pares de sapatos, ao que outra imediatamente respondeu: "Eu tenho 150 pares". Com a plateia espantada e achando graça, a primeira respondeu: "Acho que estou precisando comprar mais sapatos".

A situação foi divertida e causou risos. O assunto que desenvolveríamos a partir dessas respostas era valores pessoais e, em seguida, valores empresariais que, se alinhados com os do público consumidor, contribuiriam para melhores resultados.

CULTURA ORGANIZACIONAL

Mesquita (2020) refere-se à cultura organizacional como:

> um conjunto de ideias, conhecimentos, formas de agir, pensar e sentir, expresso em termos materiais ou não, que é partilhado por um grupo ou uma organização, com uma certa regularidade no tempo e no espaço (Mesquita, 2020, p. 71).

A cultura organizacional tem conexão com a motivação e o comprometimento de seus integrantes. Ela é percebida pelo sistema de crenças e valores vigentes e define normas de comportamento. Em geral, a cultura da sociedade na qual a organização está inserida é trazida pelos seus membros para o ambiente da empresa. Essa cultura tem a ver com os valores das pessoas, o comportamento que se espera de cada um para a obtenção do sucesso, as crenças que são compartilhadas, as regras do dia a dia e as formas aprendidas para lidar com as questões cotidianas.

No sentido inverso, de dentro para fora da empresa, existe a produção de artefatos culturais que se manifestam junto ao seu público e ao mercado como um todo. Quando se fala em artefatos visíveis, estamos falando da externalização de aspectos como a arquitetura, a ambientação do local, o layout, a tecnologia utilizada, a maneira como as pessoas se vestem, a linguagem utilizada na comunicação e os documentos públicos – por exemplo, as postagens nas redes sociais anunciando produtos e serviços.

Considerando empreendedores e colaboradores, a cultura organizacional afeta o modo de ser, de pensar, de sentir e de perceber a organização. O conhecimento da cultura é aprendido e divulgado formal ou informalmente, consciente ou inconscientemente e tem forte impacto nos resultados, no sucesso do negócio.

A cultura organizacional é como as raízes de uma árvore, que não podem ser vistas, mas que dão sustentação e nutrientes. Se uma árvore não está produzindo frutos, sombra ou beleza, talvez não adiante cuidar do tronco ou das folhas. A melhor intervenção talvez seja em suas raízes, no solo, local que deve receber investimento de recursos e tempo para a recuperação. Da mesma forma, uma empresa muitas vezes precisa ter intervenções nas suas raízes, nos aspectos da sua cultura organizacional, e não intervenções apenas operacionais.

É importante que o foco no cliente esteja na raiz do negócio, para que seja possível aproveitar bem os frutos dessa relação.

Assim, antes que se façam ações para melhorar o atendimento, é preciso entender que *trabalhar em função do cliente, em função de oferecer o melhor, de proporcionar uma excepcional experiência, deve estar enraizado na cultura organizacional da empresa*. Gostar do cliente, entendê-lo como a razão de ser do próprio negócio, desejar ser um agente para a solução dos seus problemas ou para a realização de seus sonhos tem que estar nas raízes da empresa. E isso deve estar claro na maneira de ser, pensar, sentir, perceber, criar e agir de empreendedores e colaboradores – sempre em favor do cliente, colocando-o em primeiro lugar. *Essa cultura voltada para o cliente não deve acontecer acidentalmente, sem querer, mas deve ser pensada, planejada, criada e desenvolvida intencionalmente, com foco nos interesses dos clientes.*

As premissas básicas de uma cultura organizacional são, muitas vezes, declaradas e publicadas nos sites das empresas e expressas por meio das declarações de visão, missão e valores. Quando lemos em um site de uma empresa a respeito da sua visão, missão e valores, estamos lendo aquilo que deveria representar parte essencial da cultura organizacional. O que não sabemos é se aqueles textos representam a realidade ou não, se expõem as raízes verdadeiras e incontestáveis da cultura ou se são apenas textos bonitos para impressionar os leitores.

CULTURA ORGANIZACIONAL VOLTADA PARA OS CLIENTES

Podemos considerar que as premissas básicas da cultura organizacional de um negócio sejam: a visão de futuro, a missão organizacional e os valores. Embora o assunto pareça já ter sido suficientemente explorado, muitas empresas ainda não têm claramente para si o verdadeiro significado de ter tais declarações formalmente divulgadas e vivenciadas.

Visão de futuro

Considerando que essa visão está no futuro, é como se perguntássemos à empresa o que ela quer ser dentro de cinco ou dez anos. No entanto, o texto deve ser redigido em função de como a empresa quer ser vista pelo seu público-alvo, assim como pelo seu mercado de atuação. Como estamos falando sobre a criação de uma cultura voltada para o cliente, é importante que a declaração de visão considere os benefícios para os clientes em seu texto. Uma declaração não consistente com o foco nos clientes poderia ser escrita assim: "ser a maior empresa de seu segmento na cidade, no estado, no país". Para quem fala em ser a maior empresa, o indicador para mensurar se a empresa é realmente a maior é o faturamento, que não é o indicador capaz de medir a excelência no atendimento aos clientes. É possível faturar muito (vendendo a preços baratos, por exemplo) e mesmo assim atender mal aos clientes. Portanto, ter uma visão de futuro de ser a maior empresa de seu segmento não necessariamente insere na cultura organizacional o foco nos sonhos e necessidades dos clientes.

Um bom texto de declaração de visão pode começar com a expressão "ser reconhecido", porque esse é o propósito buscado, o reconhecimento do público-alvo e do mercado. *A visão de futuro fala sobre reputação*. Uma proposta inicial para a visão de futuro de qualquer negócio que queira ser bem-sucedido em função de sua excelência no atendimento aos clientes pode começar com um texto que diga: "pretendemos ser reconhecidos como a empresa de nosso segmento que proporciona as melhores experiências para seus clientes", ou "obter a reputação de empresa que melhor atende aos clientes em seu segmento".

Uma declaração de visão é como um destino para o qual estamos caminhando. Não deve ser um texto frio, sem conexão com a realidade, mas deve permear a cultura interna de tal maneira que empreendedores e colaboradores sempre tenham em mente que trabalham com esse propósito, em busca desse tipo de reputação declarada.

Missão organizacional

Se a visão de futuro é o destino para o qual estamos caminhando, a missão organizacional é o itinerário, é o percurso que percorremos todos os dias para chegar ao nosso destino. A declaração de missão precisa ser um texto simples, curto, de fácil memorização e que faça os colaboradores terem a satisfação de levantar todos os dias da cama sabendo que o trabalho que vão desenvolver realmente tem significado e vale a pena.

A missão deve prover motivação. Ela é a condutora das ações diárias para o pessoal interno, não para os clientes. É aquilo que se faz todos os dias para alcançar a visão. *A missão deve estar impregnada no pensamento, no planejamento, na execução de cada ação, nas tomadas de decisões, nas avaliações dos resultados, enfim, no ar que se respira dentro da empresa.*

Sobre a redação do texto da missão organizacional – a frase deve iniciar com o verbo que represente a entrega ao cliente, e não um verbo que represente aquilo que fazemos. Por exemplo, não se inicia uma declaração de missão com verbos como vender, produzir, prestar serviços ou similares. Boas redações de missão devem começar com termos como proporcionar, oferecer, encantar, satisfazer ou outros que tenham a mesma conotação. E não há necessidade de se especificar, no texto da missão, como ela é executada.

Redações de missão não devem ser técnicas, mas inspiradoras, encantadoras, até com linguagem poética. A linguagem que deve ser utilizada é do marketing e não a linguagem técnica, formal, fria, que não cativa, não emociona.

DECLARAÇÕES REAIS DE MISSÃO FOCADAS NOS CLIENTES

Microsoft: "Ajudar pessoas e empresas por todo mundo a realizar todo o seu potencial!" (Microsoft, [s. d.]).

Nike: "Levar inspiração e inovação a todos os atletas do mundo." (Nike, [s. d.]).

Spotify: "Revelar o poder da criatividade humana, dando a um milhão de artistas criativos a oportunidade de viver de sua arte e a bilhões de fãs a oportunidade de curtir e se inspirar nela". (Spotify, [s. d.]).

Valores organizacionais

Se eu perguntasse a você quais são os seus valores individuais, como pessoa, o que você me responderia? Onde é possível descobrir os seus valores pessoais? Sim, minha pergunta foi "onde" e não "como" descobrir. A resposta é: "na fatura do seu cartão de crédito". Isso não é uma brincadeira, mas eu poderia dizer que, para descobrir os seus valores pessoais, basta investigar no que você gasta o seu dinheiro e como você consome o seu tempo, pois aí estão as coisas que você valoriza. Relembrando o caso real narrado no início deste capítulo, o que você acha que aquelas duas corretoras de seguros valorizavam para gastar tanto dinheiro com sapatos? Provavelmente valorizavam a boa apresentação pessoal, a moda, a elegância e coisas similares, o que as fazia gastar dinheiro com calçados.

Ouço muitas pessoas dizerem que um dos seus principais valores são as suas famílias. Para validar se essas afirmações são verdadeiras, basta verificar o quanto essas pessoas gastam seu tempo e seu dinheiro em função de suas famílias.

Para empresas, a declaração escrita e publicada do seu conjunto de valores deve servir para que eles sejam constantemente lembrados e estejam vivos, presentes em cada pensamento, tomada de decisão e ações cotidianas. Também é preciso considerar que, se temos um grande interesse em atender muito bem aos nossos clientes, os valores que precisamos ter arraigados em nossa cultura devem ser coerentes com os valores do nosso público-alvo em relação ao nosso negócio. Quando se pensa em um restaurante, quais seriam as expectativas dos clientes? O que eles valorizariam nesse ambiente? Para dar um exemplo pessoal, eu escolheria um restaurante em função da experiência que me seria proporcionada em relação ao sabor da comida, à qualidade do atendimento, à agradabilidade do ambiente, a um preço que eu considerasse justo, à boa procedência dos ingredientes e, sem dúvida, à higiene da cozinha e do restaurante em geral. Nesse caso, o que eu valorizo como cliente são os valores que deveriam ser assumidos pelos empreendedores e colaboradores desse restaurante. Outro fator relevante é que, quando se declara publicamente os valores, é oportuno que eles sejam listados em ordem de importância. Tomando então o exemplo anterior, uma lista de valores poderia ser construída da seguinte forma:

1. Sabor inigualável.

2. Excelência no atendimento.

3. Qualidade na procedência dos alimentos.

4. Alto padrão de higiene.

Sob este entendimento a respeito dos valores dentro da cultura organizacional, cada empresa, de acordo com o modelo de negócio e considerando também as expectativas do público-alvo, necessita refletir a respeito de quais aspectos deve assumir como valores inegociáveis na mente e no coração de seus empreendedores e colaboradores. *Valores empresariais devem ser inegociáveis, não podem mudar pelo efeito das circunstâncias.* Diante da concorrência e das dificuldades do mercado, se uma empresa assumiu que um dos seus valores é a qualidade de suas mercadorias, ela ferirá esse valor se optar por mercadorias de menor qualidade apenas para vender ou lucrar mais.

QUESTÕES PARA REFLEXÃO

Se uma empresa já possui uma cultura inadequada para servir bem aos clientes, você imagina que seja possível desenvolver uma nova cultura, mais adequada ao atendimento do consumidor? Se um projeto de mudança de cultura estivesse sob sua responsabilidade, o que você faria?

CAPÍTULO 11

Atraindo o cliente até a loja

Uma loja é local de compras ou de diversão? Qual a sua opinião? Existe risco ao permitir que clientes se divirtam com os produtos à venda dentro da loja? Se as pessoas forem à loja só para se divertir e não comprarem nada, ainda assim isso seria bom para o negócio?

Vamos mostrar, neste capítulo, sugestões aplicáveis para o desenvolvimento de experiências positivamente memoráveis para os clientes.

CASO DE ATENDIMENTO

Relato de um idoso durante um atendimento em uma tradicional farmácia de rede.

Entrei em uma farmácia no centro da cidade de São Paulo para comprar medicamentos. Sou idoso e, pela minha aparência física, fui logo identificado por uma atendente próxima à porta, que me conduziu até o meio do estabelecimento e me indicou um lugar em que eu pudesse me sentar e aguardar o atendimento, sem necessidade de pegar uma senha ou entrar em uma fila preferencial.

Assim que me sentei, já fui abordado por um atendente para pegar minha receita e iniciar o atendimento. Ele me ofereceu água e café. Dispensei a água, mas não resisti ao café, que inclusive estava fresco e saboroso.

Nem tinha terminado o café e lá estava o atendente com meus medicamentos, para que eu os conferisse. Assim que eu confirmei que eram mesmo aqueles, o atendente os colocou numa sacola e ali mesmo fez a cobrança. Em seguida, se despediu cordialmente de mim e se apressou em atender a outro cliente.

Foi tudo muito rápido e prático. A farmácia estava cheia, mas não entrei em fila, não esperei e nem tive que informar o número do CPF para ter desconto. Eu gostaria de ser atendido assim em todos os lugares.

A PERCEPÇÃO DA EXPERIÊNCIA DOS CLIENTES NO PONTO DE VENDA (PDV)

Como tem sido a experiência do cliente para você no papel de consumidor? Durante todo o período no qual está dentro de uma loja física, você passa por experiências de compra, sejam elas comuns, boas ou ruins.

A qualidade da experiência proporcionada ao cliente no ponto de venda terá forte influência sobre sua decisão de frequentar o local ou de nunca mais voltar. Da mesma forma, terá forte influência sobre o que ele dirá aos outros sobre a loja.

No papel de quem empreende, gere loja física ou atende, é preciso observar como tem sido a experiência dos clientes: se for neutra ou ruim, eles serão alvos fáceis para o comércio eletrônico, sempre de braços abertos e chamando os clientes insatisfeitos com as lojas físicas.

O comércio eletrônico vai tomar os seus clientes?

Comprar pelo comércio eletrônico está cada vez mais fácil. Uma infinidade de produtos está à disposição do consumidor. Essa possibilidade extremamente prática e confortável tem retirado muitos consumidores dos pontos de venda físicos do varejo, o que faz com que a ida a um estabelecimento comercial precise ser algo que realmente valha a pena.

É preciso atrair o cliente para que ele realmente queira ir até a loja. A experiência de sair de casa, consumir tempo de deslocamento, enfrentar um trânsito ruim, transporte coletivo lotado ou alguns outros inconvenientes deve ser compensada por uma experiência extremamente agradável de atendimento dentro da loja.

Há muitos estabelecimentos nos quais o cliente pratica o autoatendimento pegando produtos em prateleiras ou gôndolas, passando pelo caixa e indo embora. Que experiência marcante, interessante, positivamente memorável pode haver em um processo de compra tão simples assim? Claro, há clientes que ficarão satisfeitos sem precisar interagir com um atendente, por estarem com pressa ou qualquer outro motivo. Mas a loja perde a chance de impactar positivamente aquele consumidor, criar um vínculo mais profundo. *O desafio do atendimento em uma loja física é o de transformar a visita do cliente em um período agradável, que proporcione o desejo de permanecer mais tempo no local, de modo que ele possa interagir com o ambiente, com as pessoas, comprar e desejar voltar.* Essa presença no ponto de venda deve ser interessante, atraente e até divertida, quando for possível.

O exercício da observação da experiência dos clientes

Dentro de cada segmento de negócio, de cada tipo de estabelecimento, é preciso que se avalie quais experiências positivamente memoráveis fariam com que os clientes achassem que vale a pena sair de casa para ir até o PDV e ter ali um tempo agradável, que satisfaça as suas necessidades ou desejos de compra. Experiências de atendimento ao cliente não são improvisações, não dependem do carisma do atendente, nem de sorte. Requerem estudo e análise do comportamento dos clientes, para que se possa entender suas expectativas, seus valores e descobrir aquilo que realmente proporcionará a eles uma visita positiva.

Paco Underhill, em seu livro *Vamos às Compras: a ciência do consumo* (2000), descreve o trabalho de analisar o comportamento dos consumidores dentro de lojas, utilizando pessoas que observam ao vivo ou sistemas de câmeras que filmam tudo o que acontece dentro dos estabelecimentos. Seu trabalho consistia em registrar e, posteriormente, estudar cada detalhe do comportamento dos consumidores em cada espaço dentro das lojas. Um exemplo de como esse acompanhamento dos clientes era feito é narrado em seu livro da seguinte forma:

> Um homem calvo e barbudo de suéter vermelho e jeans azuis entrou em uma loja de departamentos em um sábado, às 11:07, foi direto a um mostruário de carteiras do primeiro andar, pegou ou tocou um total de doze, consultou a etiqueta de preço de quatro, depois escolheu uma, passou às 11:16 para uma prateleira de gravatas ao lado, pegou sete gravatas, leu a etiqueta de todas as sete, consultou a etiqueta de preço de duas, não comprou nenhuma e foi direto ao caixa pagar. Esperou, parou por um momento diante de um manequim e examinou a etiqueta de preço do casaco que este vestia. Anotaríamos isso também, bem como o fato de que entrou na fila do caixa às 11:23 como a terceira pessoa da fila, esperou 2m51 até chegar à caixa registradora, pagou com um cartão de crédito e saiu da loja às 11:30 (Underhill, 2000, p. 18).

É natural que um trabalho com este nível de meticulosidade seja feito por profissionais dedicados exclusivamente a esse tipo de observação. Grandes redes de lojas têm condições financeiras de pagar por um serviço dessa natureza; no entanto, empreendedores de menor porte, que não têm orçamento para isso, podem pegar a ideia como referência e, de alguma maneira semelhante, iniciar o processo de observação do comportamento dos clientes em seus estabelecimentos. O trabalho pode ser feito em horários específicos, pode começar em apenas um setor ou área e é natural que aconteça por meio do uso de câmeras que permitam assistir à gravação posteriormente. Em situações nas quais a observação é feita ao vivo, é possível abordar o cliente à saída da loja e lhe fazer algumas perguntas que possam trazer esclarecimentos sobre suas escolhas para comprar.

O relato anterior, do trabalho feito por Paco Underhill, conta apenas a experiência da observação do acompanhamento de um cliente durante 27 minutos em um estabelecimento. Contudo, a partir do registro das ações de um consumidor, a etapa seguinte é a da análise dos registros feitos pelas câmeras. Após a análise, o exercício que precisa ser feito é a reflexão sobre porque o cliente teria ido diretamente a alguns pontos da loja, observado e manipulado mercadorias, enquanto em outros pontos ele apenas parou e olhou ou, talvez, até tenha pegado alguma mercadoria para levar. Também vale a reflexão sobre quanto tempo o cliente ficou em cada ponto e sobre o caminho percorrido dentro da loja, assim como o comportamento na fila para o checkout e o tempo total de permanência no local.

Após essa fase de reflexões sobre o que foi registrado, vem a etapa das inferências que faremos, das conclusões que tiraremos sobre a experiência do cliente e o que pode levá-lo a comprar ou não. O perfil do cliente deve ser considerado nessas questões, por exemplo: sexo, faixa etária estimada, a maneira como está vestido, se estava sozinho ou acompanhado, se há percepção de que alguém que o acompanhava influenciou ou não a decisão de compra, se ele foi atendido por algum profissional da loja ou não, etc.

A contínua observação irá permitir comparações entre os comportamentos de diversos clientes, de modo que, se for possível reconhecer um comportamento comum entre várias pessoas, talvez isso possa nos ajudar a reconhecer o que leva o cliente a comprar ou não e a sair satisfeito ou não com o atendimento.

Um exemplo do livro de Underhill conta que um expositor de gravatas estava localizado junto a um corredor estreito, e as pessoas que paravam para examinar as gravatas eram constantemente incomodadas por outros clientes que precisavam passar pelo local, o que fazia com que elas desistissem de observar as gravatas e, consequentemente, não as comprassem. Uma constatação como essa deixa claro que a solução é simplesmente trocar o expositor de gravatas para um local onde os interessados possam examiná-las sem ser incomodados. Assim, a última etapa de todo esse processo de estudo da experiência do cliente no ponto de venda é a de tomar medidas corretivas, ou que possam melhorar as experiências que já têm sido boas.

Resumindo o que vemos até aqui: podemos dizer que, para promover uma melhor experiência para nossos clientes, devemos começar pela observação detalhada de seu comportamento, seguida da análise do conteúdo, com reflexões que procurem responder os porquês do comportamento observado para, então, obter respostas, ainda que apenas como inferências. Em seguida, podemos passar à tomada de decisões sobre as mudanças que devem ser feitas para melhorar a experiência do cliente.

Outro ponto que pode ser trabalhado é o uso de pesquisas de satisfação junto aos clientes. Podem ser pesquisas aplicadas por entrevistas dentro da loja, usando questionários em papel, ou digitais, enviadas por e-mail ou aplicativos de mensagens.

Clientes que compram com frequência podem ser entrevistados para que se saiba a razão pela qual eles constantemente retornam. Sem dúvida nenhuma, *conversar com clientes sobre o que acham do atendimento ou de toda a experiência no ponto de venda é também uma forma de se obter informações para melhorar a experiência de atendimento.*

NPS – A PESQUISA DE UMA PERGUNTA SÓ

A Net Promotion Score (NPS, sem tradução literal para o português, mas com significado de "pontuação de cliente promotor em sua rede de contatos") é um tipo de pesquisa que ajuda a mensurar o grau de satisfação do cliente, de sua lealdade e da sua predisposição para indicar a loja para as pessoas de seus relacionamentos mais próximos. É uma pesquisa com simplesmente uma pergunta: se o cliente indicaria o estabelecimento a outras pessoas. A resposta deve ser dada com a atribuição de uma nota de zero até dez. Se o cliente responder com notas de zero até seis, isso é visto como uma informação de que ele não indicaria a loja; se ele responder com as notas sete ou oito, isso sinalizaria que ele talvez indicasse; e se ele responder com as notas nove ou dez, certamente ele indicaria. Além das notas, a pesquisa pode, adicionalmente, disponibilizar um espaço para que o cliente justifique, por meio de texto corrido, o porquê daquela nota.

Crédito: Nelson Adriano Brazys.

A pesquisa NPS é uma ferramenta simples e bastante útil para medir o nível de satisfação do cliente no pós-compra.

Como avaliar o resultado da pesquisa?

A avaliação do resultado é bem simples. Vamos nomear as pessoas que responderam com as notas nove ou dez de "promotores" e as pessoas que responderam com zero a seis de "detratores". Chamaremos de "neutros" os que responderam sete ou oito e, para esse propósito, os deixaremos de lado.

Primeiro, vamos subtrair da quantidade de promotores a quantidade de detratores. O resultado dessa subtração será dividido pela quantidade total de respondentes à pesquisa e multiplicado por cem.

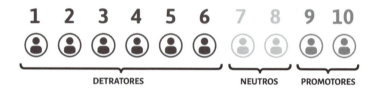

EXEMPLO DE CÁLCULO DE NPS

Uma pesquisa de NPS foi respondida por 160 consumidores. Desses 160, tivemos 120 promotores e 24 detratores, sobrando 16 neutros, que devem ser descartados. O cálculo a ser feito é o seguinte:

(Promotores – Detratores) ÷ Total de Respondentes × 100

(120 – 24) ÷ 160 × 100 = 60

O que significa o resultado 60? Há diferentes tabelas de interpretação encontradas em diferentes artigos sobre o assunto na internet. Mas vou adotar a tabela a seguir:

Pontuação	Interpretação
Entre 90 e 100	Seu atendimento encanta seus clientes
Entre 75 e 89	Seu atendimento é excelente
Entre 50 e 74	Seu atendimento tem qualidade
Entre 1 e 49	Seu atendimento é comum
Abaixo de 0	Seu atendimento é ruim

Trabalhe sempre para melhorar a experiência de seus clientes. Se a pesquisa identificar o respondente, procure ler suas observações, caso sejam feitas. *Se esforce para corrigir os erros e torne seus pontos fortes mais fortes ainda.*

Frequência de envio da pesquisa

Vale ressaltar que alguns estabelecimentos comerciais enviam esse tipo de pesquisa por e-mail para todos os seus clientes a cada compra que fazem. Essa prática não é recomendada, pois se esses clientes comprarem com uma frequência muito grande, o constante envio da pesquisa passará a ser um incômodo. Inclusive, se o cliente volta constantemente para comprar, não é necessário submetê-lo a uma pesquisa, já que é provável que ele goste do estabelecimento, das mercadorias e, inclusive, do atendimento.

Por outro lado, outras pesquisas que buscam informações mais detalhadas sobre o atendimento serão bastante úteis e devem ser feitas com intervalos regulares, principalmente quando mudanças substanciais no atendimento forem implementadas.

Perfil do cliente típico do negócio

Empreendedores e profissionais de atendimento com experiência em um determinado ramo de atividade provavelmente devem ter uma visão ampla sobre o que os clientes típicos do negócio esperam encontrar, em termos de produtos ou serviços, níveis de preço e tipo de atendimento. Para realizar bons atendimentos, é importante que as empresas tenham uma visão clara do que, em geral, seu público espera quando se relaciona com a empresa. Assim, é possível definir como os componentes do atendimento trabalharão para esse tipo de consumidor, que tem as mesmas características e para os quais será desenhada a experiência ideal a ser vivenciada dentro do estabelecimento.

Em uma conversa com empreendedores de pequenos negócios, eles expuseram o perfil de seus clientes habituais da forma relatada a seguir:

- Um mercado e hortifruti de bairro tinha um perfil de cliente usual: pessoas de idade mais avançada, em geral aposentadas, que frequentavam o mercado para fazer pequenas compras, adquirindo pequenos suprimentos diários, para dois ou três dias e, por vezes, para a semana inteira. Quando essas pessoas desejavam fazer compras para períodos mais longos (as compras mensais, por exemplo), elas se dirigiam a grandes redes de supermercados, preferencialmente atacadistas, para obterem preços menores. Como esse mercado tinha uma padaria, as pessoas o frequentavam quase diariamente buscando pão e leite e aproveitavam para realizar outras pequenas compras, como frutas, verduras, legumes, outros laticínios e pequenas reposições. Essas pessoas não eram "digitais" e nem acostumadas a fazer compras por aplicativos ou telefone; por essa razão, iam ao mercado presencialmente. Em sua maioria, eram pessoas que moravam nas ruas vizinhas, em lugares não muito distantes. Muitas delas gostavam de parar no caixa e conversar com as atendentes. Não tinham um grande orçamento para gastar, mas podiam ir a pé. Para atender a esse público, havia uma preocupação em oferecer um variado sortimento de mercadorias, para que essas pessoas pudessem encontrar ali boa parte de suas necessidades. Esse tipo de conhecimento que a empreendedora local tinha sobre seus clientes permitiu que ela estruturasse seu negócio de modo a proporcionar uma melhor experiência para eles.

- Uma loja de utilidades domésticas em um bairro de poder aquisitivo maior, cercado por lojas e outros estabelecimentos com uma apresentação mais luxuosa e esmerada, tinha um perfil de clientes bem diversificado em termos de idade, gênero e classe social. A loja era a única daquele tipo naquela região, os principais concorrentes estavam a quilômetros dali. Então, para poder suprir as necessidades dos clientes, a solução foi abarrotar a loja com uma quantidade muito grande de itens, com uma variedade tal que permitisse fazer a promoção das mercadorias com o slogan: "Tudo o que você precisa em um só lugar".

Esses são dois exemplos simples da importância de conhecer o perfil geral do público-alvo de um determinado negócio. Esse conhecimento ajuda a desenvolver experiências de atendimento alinhadas com as expectativas dos clientes.

Valores compartilhados

Outro aspecto importante, além do comportamental, é conhecer os valores do cliente e se alinhar a eles. Se algum tipo de negócio tem clientes com valores muito claros, como o gosto pela tecnologia e pelas redes sociais, por exemplo, é importante que passe a compartilhar os mesmos valores na sua maneira de promover produtos e serviços pulsando vivamente a paixão pela tecnologia digital, que deve estar presente também na ambientação da loja e no relacionamento com os clientes.

Se os clientes de um determinado negócio têm uma forte identificação com os valores de uma vida saudável, pautada em alimentação balanceada, atividades físicas e cuidado com o corpo, esse estabelecimento precisa transpirar os mesmos valores.

Se grande parte dos clientes de um pet shop adotou animais de estimação (em vez de comprar), sem raças claramente definidas, o estabelecimento deve se preocupar em compartilhar os mesmos interesses, valorizando as atitudes dos clientes e promovendo ações voltadas para o resgate, o cuidado e a doação de animais abandonados.

Há quem diga, atualmente, que as pessoas não necessariamente compram os produtos ou serviços que vendemos, mas compram aquilo em que nós acreditamos. E se esses valores forem compartilhados entre fornecedor e cliente, certamente isso contribuirá para uma melhor experiência de atendimento.

Posicionamento

Quando nos relacionamos com uma marca, ela ocupa um lugar na nossa mente, no modo como fazemos análises a respeito dela, assim como também ocupa um lugar nas nossas emoções, em função das experiências já vivenciadas. Quando uma determinada marca é a primeira que nos lembramos a respeito de um determinado produto, serviço ou estabelecimento, é muito provável que nosso nível de confiança e segurança seja muito maior e proporcione a tranquilidade de que seremos bem-sucedidos ao adquirir algo relacionado a ela. Mas, se estivermos a ponto de comprar de alguém que não tenha lugar em nossa mente nem em nosso coração, é muito provável que tenhamos dúvidas, inseguranças e hesitemos em efetuar a compra.

É importante que haja uma preocupação em posicionar-se com coerência em relação ao comportamento, ao perfil e aos valores dos clientes, procurando mostrar a eles que esse determinado negócio é a melhor opção de compra quando comparado a tantos fornecedores similares. Não nos referimos aos posicionamentos clássicos, como o de liderança em preços baixos, diferenciação por qualidade, benefício oferecido ou o estilo de vida, mas sim a uma identificação pautada na similaridade para com as expectativas dos clientes.

Aquilo que o cliente tem como valor deve orientar o arquétipo de marca escolhido pelo seu negócio. Isso deve nortear todas as suas ações, para que, por meio dessa identificação, seja possível enriquecer as experiências dos clientes.

ARQUÉTIPO DE MARCA

O arquétipo de marca, ou da sua marca, é como um tipo de pessoa, uma personalidade que seu negócio assume para assimilar as características mais marcantes de seu público-alvo e melhorar seu relacionamento com ele. Assumir um arquétipo é assumir um personagem que tem a cara de seu cliente típico, que mais se conecta com você, empreendedor. O arquétipo de marca é um componente do seu branding, isto é, da sua gestão da marca.

Arquétipo	Característica
Inocente	Otimista, bondoso, simples e puro.
Sábio	Valoriza o conhecimento, a descoberta, a informação.
Herói	Empenhado, dedicado, corajoso e esforçado.
Fora da lei	Quebra paradigmas, evita regras, inquieto.
Explorador	Gosta de ser livre, de explorar e fazer descobertas.
Mago	Criativo, sonhador, busca encantamento.
Pessoa comum	Simples, pertencente, conectada a outras pessoas.
Amante	Busca status, diferenciação, ousadia.
Bobo	Divertido, alegre, sorridente.
Cuidador	Empático, afetuoso, generoso.
Criador	Inovador, busca transformação concreta.
Governante	Tem boa comunicação, liderança e capacidade de persuasão.

Você pode buscar mais informações nos mecanismos de busca da internet, que está repleta de conteúdos sobre o tema. Entenda qual arquétipo melhor caracteriza seus clientes usuais e assuma a personalidade desse arquétipo na oferta de seus produtos e serviços, na comunicação com seu público, na maneira como ambienta sua loja e na forma de atender e de propor experiências no PDV. Você criará uma conexão mais consistente com seu público, que se identificará muito mais com você.

GESTÃO DO RELACIONAMENTO COM OS CLIENTES

O uso de um software de Customer Relationship Management (CRM, ou gerenciamento de relacionamento com o cliente) é fundamental para estabelecer parâmetros para a criação de experiências para o cliente. Nesse sistema, é importante registrar as compras realizadas, dados demográficos do cliente, além de seus dados pessoais, para que ele seja identificado. O detalhamento das informações deve conter o registro dos itens comprados, dos valores gastos em cada compra e das formas de pagamento utilizadas, assim como a frequência com que as compras são realizadas, o estilo de vida e as preferências do cliente.

A análise de registros dos clientes permite traçar um perfil característico e comportamental que nos ajuda a estabelecer um melhor relacionamento. Uma análise estatística, ou uma curva ABC considerando a quantidade de dinheiro gasto em determinados intervalos de tempo, nos permitirá ter um conhecimento mais apurado dos clientes, a fim de que seja possível traçar o planejamento da experiência que deve ser oferecida quando ele estiver presente no estabelecimento. Isso propicia a gestão por meio de dados e do relacionamento, tendo como consequência o atingimento da excelência no atendimento quando essas informações são utilizadas para ações de melhoria da experiência do cliente.

QUESTÕES PARA REFLEXÃO

Olhando para o negócio em que trabalha, o que você imagina que já pode ser feito para melhorar a experiência dos clientes? Que tal fazer imediatamente uma pesquisa de NPS? Você já dispõe de registros de seus clientes em sistema de CRM? Se não, o que você precisaria para começar? Se o software for caro para seu orçamento, como você poderia fazer os registros, mesmo não tendo um sistema?

CAPÍTULO 12

O que fazer daqui em diante?

Se você é empreendedor ou trabalha com atendimento, de todas as sugestões vistas, você enxerga práticas que já pode começar a adotar para melhorar a experiência que oferece a seus clientes? E os casos de atendimento narrados? Trouxeram alguma inspiração sobre o que deve e o que não deve ser feito?

Se você é apenas um consumidor, cliente em tantos lugares diferentes, como você passa a avaliar o atendimento que recebe após a leitura desse livro? Você acredita que, agora que tem uma visão mais ampla, se tornará um consumidor mais exigente?

Neste capítulo, vamos indicar os próximos passos para a otimização do atendimento em qualquer tipo de negócio de varejo e resumir os pontos principais do livro.

PRÓXIMOS PASSOS

Os próximos passos compreendem as ações relacionadas ao atendimento que podem ser colocadas em prática em seu negócio para melhorar a experiência do cliente.

Como sugestão de um roteiro de ações, você pode pensar nas etapas abaixo:

1. Faça um inventário de todas as necessidades de reparos e melhorias nas instalações, no ambiente. Considere iluminação, ventilação, pintura, limpeza, aromas ambientais e sinalização. A despoluição visual e melhoria da estética do ambiente trarão bem-estar para a equipe interna de colaboradores, e a mudança na disposição da equipe será claramente perceptível.

2. Avalie a possibilidade de fornecer camisetas ou aventais padronizados e com a identidade visual da marca para serem usados pela equipe de atendimento.

3. Observe o comportamento dos clientes no ambiente e verifique como eles são influenciados pelo layout e disposição das mercadorias nos expositores. Verifique se alguma mudança no layout poderia melhorar a experiência do consumidor.

4. Converse com a equipe de atendentes para elaborar em conjunto as melhores formas de recepcionar, ouvir, atender e se despedir dos clientes. Explore a comunicação, treinando as falas de forma natural e não robotizada.

5. Garanta que toda a equipe tenha conhecimentos técnicos essenciais sobre as principais mercadorias vendidas ou serviços prestados. Para outros casos, garanta a possibilidade de acesso a boas fontes de consulta e ao Código de Defesa do Consumidor.

6. Inclua no treinamento da equipe o jogo *Atendimento integrado*, disponível no Anexo deste livro.

7. Treine sua equipe para lidar com os comportamentos apresentados no capítulo de inteligência emocional, utilizando a técnica de dramatização.

8. Elabore pesquisas NPS transacionais, isto é, enviadas a cada compra de seus clientes, para que eles avaliem cada experiência de compra. Faça isso por um período que compreenda três ou quatro compras por cliente, para que eles não se cansem delas. Para isso, você precisará ter os contatos digitais e a autorização de seus clientes para o envio das pesquisas. Existem aplicativos apropriados e gratuitos que você pode utilizar disponíveis na Internet.

9. Aproxime-se mais de seus clientes mais frequentes, relacione-se mais com eles. Você pode promover eventos como cafés da manhã para uma roda de conversa, dar brindes, cupons de desconto ou outros presentes. Engaje-os em seu negócio como defensores e promotores entre os contatos deles.

10. Nas ações para melhoria da experiência do cliente, trabalhe sempre utilizando o ciclo virtuoso de planejamento, organização, execução, controle e avaliação.

ARREMATANDO AS IDEIAS

Se você chegou até aqui, provavelmente já entendeu que o atendimento ao cliente depende de vários aspectos importantes. Então, justamente para mantê-los frescos na memória, vamos relembrar os pontos principais do livro.

Pontos principais do livro

Capítulos 1 a 6 – Componentes do atendimento

O atendimento não se resume simplesmente ao tempo no qual cliente e atendente se comunicam. Além do papel do cliente e do atendente, existem outros elementos que influenciam o resultado: o ambiente, o processo de atendimento, as fontes de consulta e a obediência às leis, normas e regulamentos.

O cliente é a razão da existência das empresas. Elas devem servi-los bem, e o lucro será uma consequência. Pense em gerar valor para os clientes na forma de um excelente atendimento, vender valor e não produtos ou serviços.

O atendente representa a empresa, e não só os profissionais contratados para essa função, mas todos os profissionais que tenham contato com clientes fazem parte do atendimento. O melhor caminho para definir o perfil de um profissional de atendimento é analisar o grau de excelência que se espera oferecer e customizar o desenho do cargo do atendente com o auxílio de uma ficha de descrição de cargo.

O ambiente faz diferença na qualidade do atendimento. É importante que as mercadorias estejam expostas de maneira organizada, com expositores apropriados, tendo-se o cuidado da manutenção de um layout que proporcione espaço para o cliente se locomover diante das mercadorias que lhe interessam.

A política de atendimento é o documento interno que descreve como devem ser os procedimentos de atendimento, considerando as variáveis que estão sob o controle da empresa. A elaboração de procedimentos internos deve contemplar a criação de padrões de excelência, a autonomia para os atendentes, a flexibilidade e a humanização. As fontes de consulta nos seus diferentes formatos devem ser fácil e rapidamente acessadas.

O Código de Defesa do Consumidor existe para garantir o atendimento às necessidades dos consumidores, o respeito à sua dignidade, saúde e segurança, a proteção de seus interesses econômicos e a melhoria da qualidade de vida, além da harmonia e da transparência nas relações de consumo. Saber interpretar corretamente o texto do Código e obedecê-lo é fundamental para atender com excelência.

Capítulos 7 a 9 – Jornada, processo e inteligência emocional

Para tomar decisões sobre compras, o consumidor recebe influências do seu próprio nível de envolvimento na decisão, assim como do risco envolvido na compra. Um processo de decisão de compra pode ser habitual, afetivo ou racional.

O processo racional passa por cinco fases: 1) O reconhecimento da existência de um problema que precisa ser resolvido; 2) A busca de informações sobre como solucionar o problema; 3) Avaliação das possíveis soluções encontradas; 4) A escolha do produto, serviço e fornecedor que resolve o problema; 5) A avaliação após a compra.

O atendimento não pode ser improvisado. Ele tem conexão com a jornada de compra do cliente e é um processo em quatro etapas bem demarcadas: 1) A recepção ao cliente, que deve ser gentil, agradável e não robotizada; 2) A escuta, que permite ao atendente compreender corretamente o que o cliente precisa; 3) O atendimento propriamente dito, que entrega objetivamente o que o cliente solicitou ou com overdelivering: 4) A despedida, que mantém a conexão com o cliente.

No momento do atendimento os clientes podem ter seu estado emocional influenciado por sua personalidade, reação ao atendimento recebido, acontecimentos recentes, recordação de atendimentos semelhantes no mesmo local ou reação ao ambiente. Soma-se a isso o fato de atualmente os clientes serem mais esclarecidos e exigentes. Para atendê-los, é necessário ter a inteligência emocional desenvolvida, para manter suas próprias emoções blindadas, sem se deixar influenciar pelas possíveis reações aos comportamentos dos outros.

Capítulos 10 e 11 – Cultura de atendimento e experiência do cliente

A cultura organizacional é a personalidade da organização; quando se busca excelência no atendimento, a cultura deve ser focada nele. A visão de futuro, a missão organizacional e os valores são premissas básicas da cultura e devem refletir as expectativas dos clientes. As declarações de visão, missão e valores não são apenas textos bem elaborados para impressionar os leitores, mas devem ser vividos diariamente nas ações cotidianas e nas tomadas de decisão. Os textos devem ser curtos, fáceis de se memorizar e precisam ser capazes de engajar o pessoal das linhas de frente e de retaguarda.

Promover experiências positivamente memoráveis aos clientes é a estratégia para se colocar em um nível acima dos concorrentes e também para fazer com que os clientes desejem ir até a loja física. Observar a experiência do cliente dentro do estabelecimento e analisar posteriormente permite descobrir o que ajuda e o que atrapalha os clientes durante sua presença no PDV. A partir da análise, é possível promover melhorias contínuas até que se obtenha o nível de experiência que encante os clientes.

A pesquisa NPS é um instrumento simples e rápido para avaliar a experiência dos clientes. Além da pesquisa, é importante conhecer o perfil do cliente típico e adotar um arquétipo que tenha conexão com seus clientes para reforçar a identificação e o relacionamento. A gestão do relacionamento com uma ferramenta de CRM completa o aperfeiçoamento da experiência do cliente.

Obrigado pela leitura. Foi um prazer tê-lo por aqui. Volte mais vezes. Será um prazer atendê-lo novamente.

E não deixe de jogar o *Atendimento integrado*, disponível no anexo.

Referências

ASSOCIAÇÃO BRASILEIRA DE NORMAS TÉCNICAS. **ABNT NBR 9050, 2015**. Acessibilidade a edificações, mobiliário, espaços e equipamentos urbanos. 3. ed. Rio de Janeiro: ABNT, 11 set. 2015. Disponível em: http://acessibilidade.unb.br/images/PDF/NORMA_NBR-9050.pdf. Acesso em: 2 out. 2023.

BERKHOUT, C. **A bíblia do varejo**: estratégias de marketing e vendas para sobreviver à revolução no varejo e prosperar. Belo Horizonte: Autêntica Business, 2020.

BRASIL. **Código de defesa do consumidor e normas correlatas**. 2. ed. Brasília: Senado Federal, Coordenação de Edições Técnicas, set. 2017. Disponível em: https://www2.senado.leg.br/bdsf/bitstream/handle/id/533814/cdc_e_normas_correlatas_2ed.pdf. Acesso em: 5 out. 2023. *E-book*.

BRASIL. **Lei geral de proteção de dados pessoais (LGPD)**. Brasília: Presidência da República, 14 ago. 2018. Disponível em: https://www.planalto.gov.br/ccivil_03/_ato2015-2018/2018/lei/L13709compilado.htm. Acesso em: 4 out. 2023.

CHIAVENATO, I. **Gestão de pessoas**: o novo papel dos recursos humanos nas organizações. 4. ed. Barueri: Editora Manole, 2014.

DANTAS, E. B. **Atendimento ao público nas organizações**: quando o marketing de serviços mostra a cara. 6. ed. Brasília: Editora Senac Distrito Federal, 2013.

ENDEAVOR BRASIL. Missão, visão e valores: ferramenta gratuita para definir a identidade do seu negócio. **Endeavor Brasil**, São Paulo, 11 out. 2015. Disponível em: https://endeavor.org.br/pessoas/missao-visao-e-valores/. Acesso em: 2 out. 2023.

FILHO, L. V. S. **Fundamentos e ferramentas da gestão da qualidade**. São Paulo: Editora Senac São Paulo. Disponível em: https://www.bibliotecadigitalsenac.com.br/?from=busca%3FcontentInfo%3D2677%26term%3Dciuclo%252520pdca#/legacy/epub/2677. Acesso em: 24 out. 2023. *E-book*.

GOLEMAN, D. **Inteligência emocional**: a teoria revolucionária que redefine o que é ser inteligente. Rio de Janeiro: Objetiva, 2012.

HAWKINS, D. I.; MOTHERSBAUGH, D. L.; BEST, R. J. **Comportamento do consumidor**: construindo a estratégia de marketing. Rio de Janeiro: Elsevier, 2007.

MESQUITA, I. R. A. **Gestão de pessoas, liderança e cultura organizacional**. São Paulo: Editora Senac São Paulo, 2020 (Série Universitária). Disponível em: https://www.bibliotecadigitalsenac.com.br/?from=busca%3FcontentInfo%3D2195%26term%3Dcultura%252520organizacuional#/legacy/epub/2195. Acesso em: 24 out. 2023. *E-book*.

MISSÃO e valores Microsoft. **Microsoft**, [*s. l.*; *s. d.*]. Disponível em: https://news.microsoft.com/pt-pt/missao/. Acesso em: 13 dez. 2023.

NIKE. Our mission. **Nike**, [*s. l.*; *s. d.*]. Disponível em: https://about.nike.com/en. Acesso em: 13 dez. 2023.

RAMOS, A. J. Entenda o conceito de arquétipos de marca e aprenda como criar um negócio de valor. **Rockcontent**, 27 nov. 2019. Disponível em: https://rockcontent.com/br/blog/arquetipo-de-marca/#:~:text=n%C3%A3o%20fazemos%20spam.-,O%20que%20%C3%A9%20arqu%C3%A9tipo%20de%20marca%3F,e%20cria%C3%A7%C3%B5es%20de%20forma%20geral. Acesso em: 30 ago. 2023.

RIBEIRO, J. **Pesquisa de marketing**. São Paulo: Editora Senac São Paulo, 2016 (Série Universitária). Disponível em: https://www.bibliotecadigitalsenac.com.br/?from=busca%3FcontentInfo%3D446%26term%3Dpesquisa%252520NPS#/legacy/epub/446. Acesso em: 24 out. 2023. *E-book*.

REGRAS da plataforma Spotify. **Spotify**, [*s. l.*; *s. d.*]. Disponível em: https://support.spotify.com/br-pt/article/platform-rules/. Acesso em: 4 out. 2023.

STORCH, J. Todos podem ser atletas para a Nike, marca eleita a preferida do esporte. **Exame**, São Paulo, 28 abr. 2021. Disponível em: https://exame.com/casual/todos-podem-ser-atletas-para-a-nike-marca-eleita-a-preferida-do-esporte/. Acesso em: 4 out. 2023.

UNDERHILL, P. **Vamos às compras**: a ciência do consumo. Rio de Janeiro: Editora Campus, 2000.

ANEXO

Atendimento integrado

O jogo da excelência no atendimento

Este é um jogo de cartas para ajudar a compreender, de forma lúdica, que a excelência no atendimento depende da integração simultânea de diferentes componentes.

OBJETIVO

Reconhecer que o atendimento excelente depende de um conjunto de componentes que atuam de forma integrada e não somente do relacionamento pessoal entre o cliente e o atendente.

1. INTRODUÇÃO

Em geral, somos levados a pensar que o bom atendimento depende apenas do que acontece no relacionamento entre o cliente e o profissional que o atende; porém, essa é uma visão limitada do processo.

A excelência no atendimento está alicerçada também em outros fundamentos:

1. O cliente, que pode ajudar ou até mesmo atrapalhar seu próprio atendimento.

2. O profissional atendente e suas competências desenvolvidas.

3. O ambiente no qual se dá o atendimento.

4. Os procedimentos de atendimento adotados, escritos ou não, que podem ajudar ou até mesmo prejudicar a qualidade do atendimento.

5. As leis, normas e regulamentos que influenciam cada tipo de negócio.

6. A existência e a qualidade das fontes de informações para consulta.

Estratégia de aprendizagem

Jogo. Atividade lúdica com regras e intencionalidade pedagógica. É uma atividade de competição e não de colaboração, com o propósito de fazer com que os participantes aprendam durante o jogo e não antes dele, isto é, não há necessidade de um estudo teórico prévio sobre o assunto para poder jogar. Aprende-se jogando.

Número de participantes

De dois a cinco. Por participante, pode-se entender uma pessoa ou um grupo de pessoas fazendo o papel de um único participante.

Aplicação em sala de aula com mais de cinco participantes

Caso o jogo seja aplicado em uma aula de curso ou treinamento de atendimento, pode haver bem mais do que cinco participantes. Neste caso, as opções são:

- Vários jogos simultâneos, com participantes individuais em cada um.

- Um único jogo, disputado por grupos, no qual cada grupo faz o papel de um único participante.

- Vários jogos simultâneos com grupos fazendo o papel de um único participante.

Faixa etária recomendada

Por ser este um jogo relacionado a uma atividade profissional, recomenda-se a faixa etária a partir dos 16 anos de idade.

2. ORGANIZAÇÃO PARA JOGAR

Este é um jogo de cartas com textos que precisam ser vistos e lidos por todos os participantes durante todo o jogo. Por isso, as cartas precisam ser espalhadas diante dos participantes, e ocuparão um espaço considerável.

Preparação do local

O ideal é que se disponha de mesas para a organização das cartas, o que proporcionará praticidade e conforto, mas, na impossibilidade de se utilizar mesas, o jogo pode ser desenvolvido com o uso de carteiras escolares individuais de sala de aula. Nesse segundo caso, os alunos podem aproximar suas carteiras frontalmente, como num círculo, e jogar dispondo suas cartas nas próprias carteiras. Carteiras adicionais podem ser utilizada para apoiar as cartas do jogo.

Organização das cartas sobre a mesa

O jogo utiliza 112 cartas, organizadas da seguinte forma:

- 3 cartas de identificação de montes de outras cartas ("Clientes/ Perguntas"; "Fornecedores/ Respostas"; "Sorte ou azar".

- 40 cartas vermelhas de "Fornecedores".

- 40 cartas verdes de "Clientes".

- 6 cartas de "Sorte".

- 10 cartas de "Azar".

- 8 cartas "Tente a Sorte".

- 5 cartas "Coringa".

A figura a seguir ilustra o posicionamento sugerido.

ORGANIZAÇÃO DE CARTAS SOBRE A MESA

Carta de identificação do monte "Clientes/ Perguntas"

CARTAS DE CLIENTES/ PERGUNTAS

CARTAS DE FORNECEDORES/ RESPOSTAS

Carta de identificação do monte "Fornecedores/ Respostas"

Monte com 40 cartas "Clientes/ Perguntas" (situações e perguntas). As cartas devem estar embaralhadas e viradas para baixo.

Monte com 40 cartas "Fornecedores/ Respostas", mais 5 cartas "Coringa" e 8 cartas "Tente a sorte". As cartas devem estar embaralhadas e viradas para baixo.

Carta de identificação do monte "Sorte ou azar".

CARTAS DE SORTE OU AZAR

Monte com 6 cartas de sorte e 10 cartas de azar. As cartas devem estar embaralhadas e viradas para baixo.

Organização alternativa

No caso de os participantes estarem jogando em uma mesa redonda, ou improvisando com o uso de carteiras escolares, a disposição pode ser a ilustrada a seguir.

3. REGRAS DO JOGO

Estando as cartas organizadas, de preferência sobre uma mesa, com os participantes dispostos confortavelmente ao seu redor, chegou o momento de entender as regras do jogo e começar o aprendizado e a diversão. Dependendo da habilidade dos participantes para jogar e da dinâmica de condução do jogo, as partidas podem durar em torno de duas horas. Na primeira vez, em função das explicações necessárias para quem não sabe jogar, a duração chega a três horas – o que é compatível com um processo de aprendizagem.

O contexto do jogo

Cada participante fará o papel de gestor ou gestora de alguns estabelecimentos comerciais de vendas de mercadorias, de prestação de serviços ou indústrias.

Os participantes utilizam cartas de CLIENTES, que apresentam diversas situações relacionadas ao atendimento, contendo perguntas. Também utilizam cartas de FORNECEDORES, nas quais estão as respostas às perguntas das cartas de CLIENTES.

O propósito desse jogo é o de encontrar entre as cartas de FORNECEDORES as cartas que respondem aos questionamentos das cartas de CLIENTES. Uma vez encontradas as repostas certas, os participantes juntam essas duas cartas correspondentes, CLIENTE + FORNECEDOR, e formam um par. Cada par formado corresponde a dois pontos na meta estabelecida para os participantes que formarem os pares.

No monte das cartas de fornecedores, ficam também as cartas CORINGA e as cartas TENTE A SORTE. Uma carta CORINGA pode formar um par provisório ou definitivo com qualquer carta CLIENTES. Nesse caso, o par formado com ajuda de um CORINGA valerá apenas um ponto. Já quando um participante pega uma carta TENTE A SORTE, ele pode tentar a sorte para tomar uma carta de FORNECEDORES (apenas de FORNECEDORES) que lhe sirva e que esteja em posse de um participante adversário para fazer par com uma de suas cartas de CLIENTES.

Como se ganha o jogo?

Para ganhar, o jogador ou grupo de jogadores deve formar um determinado número de pares de cartas. A quantidade de pares depende do tempo disponível. Podem ser 15 pares, 12 pares, 10 pares, enfim, o número que for conveniente. O importante é que todas as cartas de CLIENTES e de FORNECEDORES sejam usadas, para que o processo de aprendizagem se complete pela leitura dos seus conteúdos.

Outra forma de definir um ganhador é estabelecer o tempo de duração do jogo. Uma vez terminado o tempo, o ganhador será o participante que tiver formado o maior número de pares de cartas.

O jogo termina quando surgir um ganhador que formou o número de pares determinado, ou o maior número de pares quando o tempo predefinido de jogo se esgotar.

O jogo é uma competição que exige tanto sorte como atenção e estratégia para a vitória. Ao longo do jogo, os participantes descobrem estratégias para ganhar.

4. DESENVOLVIMENTO E DINÂMICA DO JOGO

Uma vez conhecidas a organização das cartas, as metas e o contexto, vamos entender a dinâmica do jogo. Qualquer critério pode ser usado para decidir quem joga primeiro. Também não fará diferença o critério de quem deve jogar em seguida, se da esquerda para a direita ou vice-versa, desde que a sequência seja estabelecida.

Antes da primeira rodada

Se houver alguém que já saiba jogar e estiver conduzindo, orientando os participantes, é feita a explicação da proposta do jogo, seu objetivo pedagógico, mecanismo e critério para identificar quem venceu, considerando o tempo disponível para a atividade.

Como se joga uma rodada?

Um participante por vez, na sequência estabelecida, faz o seguinte:

1. Pega uma carta do monte CLIENTES e a lê em voz alta, para todos os participantes ouvirem. A leitura das cartas em voz alta, sem pressa e bem pronunciada, possibilita obter os conhecimentos necessários. Oriente a releitura de uma carta caso o participante realize a leitura em voz baixa, apressadamente ou se, por qualquer outra razão, ele não for entendido pelos demais.

2. Caso algum dos participantes não entenda a situação e/ou a pergunta, os demais devem ajudar na interpretação do texto, para que todos compreendam do que se trata a situação e o questionamento feito na carta. Em uma aula, o docente poderá compartilhar um exemplo real, para trazer melhor compreensão. A leitura em voz alta proporcionará o aprendizado sobre atendimento a todos os participantes.

3. Em seguida, o mesmo participante pegará uma carta do monte FORNECEDORES e a lerá em voz alta, para que os demais participantes ouçam. Da mesma forma que na carta anterior, caso alguém não compreenda o texto, o docente ajudará na interpretação do texto e até com um exemplo, se for o caso.

4. Na hipótese de a carta de FORNECEDORES ser a resposta correta para a carta de CLIENTES, o participante formará um par com essas cartas e obterá 2 pontos, pois cada par CLIENTES + FORNECEDORES correto vale 2 pontos. Esse par será retirado do jogo e permanecerá em posse do participante que o fez para a contagem final dos pontos.

5. Na hipótese mais plausível no início do jogo, de a carta de FORNECEDORES não formar um par com a carta de CLIENTES, o participante tentará formar os pares que precisa nas rodadas seguintes.

6. As cartas de FORNECEDORES sempre devem ficar expostas sobre a mesa, diante do participante que as possui, para que seus adversários possam tomá-las para si, se precisarem delas para formar par com suas cartas de CLIENTES.

7. Caso o participante pegue uma carta TENTE A SORTE, ele poderá usá-la para tentar tomar uma carta de FORNECEDORES de outro participante em qualquer rodada do jogo (há explicação detalhada sobre o uso da carta TENTE A SORTE mais adiante).

8. Se a carta do monte de FORNECEDORES for um CORINGA, o participante deve também ler seu conteúdo em voz alta. Essa carta poderá ser usada para formar par com cartas de CLIENTES que estão sem seu par verdadeiro (há explicação detalhada sobre o uso do CORINGA mais adiante).

O segundo participante e os seguintes procedem da mesma maneira descrita.

Cartas TENTE A SORTE

Ao obter uma carta TENTE A SORTE, os procedimentos possíveis são os seguintes:

1. Se um adversário tiver uma carta de FORNECEDORES que lhe interesse, o participante informará qual carta deseja tomar para si. Cartas CORINGA não podem ser tomadas por cartas TENTE A SORTE.

   a. Seu oponente, dono da carta, para tentar impedir que a carta seja tomada, vai ao monte de cartas SORTE OU AZAR e retira a carta de cima.

      - Se a carta obtida for uma carta de AZAR, o oponente terá que entregar a carta ao participante que quis tomá-la.

      - Se a carta obtida for uma carta de SORTE, o oponente ficará com a carta, isto é, ela não poderá ser tomada pelo participante que quis tomá-la.

   b. Havendo a tentativa de tomar a carta, com ou sem sucesso após a tentativa, tanto a carta TENTE A SORTE, quanto a carta SORTE OU AZAR devem ser retiradas do jogo.

2. Se não houver nenhuma carta em posse de adversários que interesse ao participante da vez, ele poderá guardar a sua carta TENTE A SORTE para usá-la em qualquer rodada futura. Se um participante desistir de usar a carta TENTE A SORTE para usá-la posteriormente, ele ainda poderá, na mesma rodada, pegar uma carta do monte FORNECEDORES para tentar formar um par com uma de suas cartas de CLIENTES.

Como usar estrategicamente uma carta CORINGA?

As cartas CORINGA não precisam formar par com uma carta CLIENTES ainda no decorrer do jogo. É possível juntá-las no final do jogo com as cartas de CLIENTES que, ainda em posse do participante, não formaram par com nenhuma carta de FORNECEDORES.

O que faz um participante da segunda rodada em diante

Os participantes devem tentar formar mais pares de cartas. Eles devem:

1. Pegar uma carta do monte CLIENTES e ler seu conteúdo em voz alta.

2. Verificar se a nova carta de CLIENTES obtida faz par com uma das cartas de FORNECEDORES que já possui.

   a. Se fizer par, juntar as duas cartas, somar mais 2 pontos e guardá-las para a contagem final.

   b. Se não fizer par, apenas guardar a carta consigo.

   c. Pode ser que a carta de CLIENTES obtida tenha sua resposta já retirada e lida por um oponente no jogo. Neste caso, se, em outra rodada, o participante obtiver uma carta TENTE A SORTE, poderá tentar tomá-la de seu oponente.

3. Em seguida, o mesmo participante precisa pegar uma carta do monte de FORNECEDORES e ler seu conteúdo em voz alta, como na primeira rodada.

4. Verificar se essa carta de FORNECEDORES faz par com alguma de suas cartas de CLIENTE.

   a. Se fizer par, juntar com a carta de CLIENTES correspondente, somar mais 2 pontos e guardar o par para a contagem final.

   b. Se não fizer par, deve deixá-la sobre a mesa, exposta e visível para os demais participantes, para que eles possam ter a oportunidade de tomá-la quando tirarem uma carta TENTE A SORTE.

5. A cada rodada, os participantes devem estar atentos para verificar se suas novas cartas de CLIENTES fazem par com as cartas de FORNECEDORES que já possuem e, do mesmo modo, verificar se as

novas cartas de FORNCEDORES fazem par com cartas de CLIENTES que já possuem.

E quando acabarem as cartas de algum dos montes?

Antes que alguém ganhe o jogo e atinja a meta estabelecida, seja por pontos ou por limite de tempo de jogo, todas as cartas de CLIENTES ou todas as cartas de FORNECEDORES ou de SORTE E AZAR podem terminar.

Assim que um desses montes ficar sem cartas, o procedimento é o seguinte:

1. Se as cartas que acabarem forem de CLIENTES ou FORNECEDORES, todas as cartas desses dois tipos, ainda não usadas pelos participantes para formar pares, devem ser devolvidas aos montes originais para dar continuidade ao jogo.

2. As cartas CORINGA e TENTE A SORTE em posse dos participantes e ainda não utilizadas NÃO DEVEM SER DEVOLVIDAS. Permanecem com os participantes.

3. Os pares de cartas já formados pelos participantes são invioláveis. Permanecem com eles e não serão repostos no jogo.

4. A seguir, deve-se embaralhar as cartas de CLIENTES não utilizadas pelos participantes e recolocá-las no monte de cartas de CLIENTES.

5. Também é preciso embaralhar as cartas de FORNECEDORES não utilizadas pelos participantes juntamente com as cartas TENTE A SORTE que foram utilizadas anteriormente e retiradas do jogo. Caso tenham sobrado cartas de FORNECEDORES e CORINGAS no monte, elas devem ser embaralhadas junto.

6. Quando acabar o monte de cartas SORTE OU AZAR, ele deve ser refeito com as cartas do mesmo tipo que foram utilizadas e retiradas durante o jogo. Também é preciso embaralhá-las antes de se formar o novo monte.

7. A partir dessa reorganização de cartas, o jogo recomeça pelo participante seguinte ao que jogou quando as cartas acabaram.

Nessa nova etapa, a reentrada das cartas TENTE A SORTE no monte de cartas de CLIENTES permitirá mais tentativas de tomar cartas de oponentes e o jogo fluirá mais rapidamente, além de se tornar mais competitivo e divertido.

Encerrando o jogo

Após o encerramento do jogo pelo critério previamente determinado e a identificação de um ganhador ou ganhadora pelo critério de pontos estabelecido, vale a pena uma discussão sobre os conhecimentos adquiridos.

Fica a critério dos participantes, se tiverem feito um acordo prévio, entregar alguma premiação ao vencedor, mesmo que apenas simbólica.

Inventando novas maneiras de jogar

As regras expostas são apenas uma sugestão de como o jogo pode ser jogado.

É possível modificá-las e ajustá-las para outras formas diferentes e criativas.

Boa diversão com o jogo e bom aprendizado sobre excelência no atendimento aos clientes!